JN084906

TOBIRA II: Beginning Japanese Workbook 2
－Vocabulary, Grammar, Listening

First published 2024

Kurosio Publishers
4-3, Nibancho, Chiyoda-ku, Tokyo 102-0084, Japan

ISBN 978-4-87424-981-9
Printed in Japan

TOBIRA
BEGINNING
JAPANESE

初 級 日 本 語
とびら
II

ワークブック❷
単語(たんご)|文法(ぶんぽう)|聞(き)く

WORKBOOK 2
Vocabulary | Grammar | Listening

[著者] 岡まゆみ　　近藤純子　　榊原芳美　　西村裕代　　[監修] 筒井通雄
Mayumi Oka　　Junko Kondo　　Yoshimi Sakakibara　　Hiroyo Nishimura　　Michio Tsutsui

Kurosio

Kurosio Publishers

はじめに

本書は『初級日本語とびらⅡ』（以下、本冊）で学ぶ単語・表現・文法を練習・強化すると共に、それらを使って日本語で「文を作る力」と「聞く力」を身につけるためのワークブックです。各課では、まず単語の練習で語彙の定着を図り、続いて本冊の各課の「できるリスト」に基づいた文法の練習をし、そして、総合的な「まとめの練習」に進みます。最後に、学んだことの総仕上げとして聞く練習を行います。本書の主な特徴は次の通りです。

- 様々な形式の問題を通して、日本語の運用力を効果的に伸ばすことができる。
- 豊富なイラストやコンテキストと結びつけて、単語や助詞の練習ができる。
- 文法の練習は「できるリスト」の項目ごとにまとめられており、活用形、接続形、意味、使い方を段階的に学習し、応用力が自然に身につくように設計されている。
- 聞く練習は各課で導入された単語や文法項目を中心に、既習単語や文法も取り入れた多様な練習で聴解力をつけることができる。
- 基礎から応用まで多様な練習問題が用意されており、宿題以外にも、教室内での活動、予習・復習、自学自習、オンライン授業など、様々な学習ニーズに応えることができる。
- 紙面は二色刷りで見やすく、豊富なイラストや写真で楽しく効果的に学ぶことができる。

本書を『とびらⅡ ワークブック1 ―漢字、読む、書く』と併用することで、本冊の内容をさらに効果的に習得することができます。学習者が間違ったところは、本冊の単語ページ、文法解説、反転授業用動画などを見直して、なぜ間違ったかを確認するよう促してください。

本書の完成をもちまして『初級日本語とびらⅠ, Ⅱ』のワークブック全4冊が出揃いました。全てのワークブックは、平川ワイター永子さんの緻密で行き届いた校閲・校正作業と的確なアドバイスや提案なくしては完成に漕ぎ着けることはできませんでした。6人目の著者とも言えるほどで、「とびらシリーズ」にとってなくてはならない存在でした。この紙面を借りて、深くお礼申し上げます。また、ヴァネッサ・キーファーさんにはいつも迅速、的確に本書の英語校正をしていただきました。ご協力に感謝致します。

最後に、くろしお出版編集部の市川麻里子さんと金髙浩子さんには、本書を含むワークブック4冊の制作全般にわたって大変お世話になりました。お二人とも過酷なスケジュールの中、本書編集のために日々奮闘・尽力してくださったこと、感謝の念に耐えません。お二人の優れた編集のおかげで、学習者が楽しみながら基礎から応用まで学べる日本語練習教材を完成することができました。ここに改めてお礼申し上げます。

2024年7月

著者一同

CONTENTS

How to use this workbook
このワークブックの使い方

The following is an overview of the organization and contents of this workbook. Practicing in the order indicated by the arrows allows for more effective learning.

このワークブックは次のような構成と内容になっています。矢印の順に練習すると効果的に学習できます。

■ Structure of each lesson

単語・助詞の練習
Vocabulary/Particle practice ➡ 文法の練習
Grammar practice ➡ 聞く練習
Listening practice

■ 各課の構成

■ Vocabulary practice

"Vocabulary practice" sections include exercises for memorizing new vocabulary words introduced in each lesson, with particular emphasis on meaning and spelling. Exercises range from providing the words for given pictures, as well as those for matching, grouping, providing antonyms, and filling in blanks. Rather than learning vocabulary through rote memorization, these exercises are designed to pair these new terms with visual aids, related terms, categories, definitions, and context to learn and retain new vocabulary more effectively. These exercises can be used as a tool for self-study and lesson preview, or to introduce and review new vocabulary words in class.

■ 単語の練習

「単語の練習」は各課の新出単語を覚えるための練習で、単語の意味と表記を身につけることに重点を置いています。問題にはイラストが示す単語を正確に書く練習をはじめ、単語のマッチング、グループ分け、対義語、穴埋めなどが含まれています。単語だけを機械的に覚えるのではなく、視覚情報、関連語彙、カテゴリ、定義、コンテキストなどと関連付けて覚えるようにしてください。そうすることで単語が定着しやすくなり、効果的な学習ができます。これらの問題は自習や予習のほか、授業での単語の導入や確認にも活用できます。

■ Particle practice

"Particle practice" sections include fill-in-the-blank exercises for pairing particles with newly learned verbs and adjectives. These sections focus on strategies to memorize particles together with verbs and adjectives as a set. Doing so helps learners solidify their particle use and avoid common mistakes.

■ 助詞の練習

「助詞の練習」は各課の新出動詞・形容詞と一緒に使う助詞の穴埋め問題です。「助詞＋動詞・形容詞」をセットで意識的に学習してください。そうすることで助詞が定着しやすくなり、誤用を防ぐことができます。

■ Grammar practice

"Grammar practice" sections include exercises that put into practice the key grammar points and phrases found in the *Dekiru* List in the main *TOBIRA* textbook for each lesson. Exercises are ordered from more basic tasks to more practical application, with the following key listed at the start of each exercise:

■ 文法の練習

「文法の練習」では、各課の「できるリスト」を達成するために必要な文法項目や表現を練習します。練習は基本練習から応用練習まで段階的に並んでおり、各練習項目の最初には次のような表示があります。

 ← *Dekiru* List number

 ← Exercise difficulty (★ Basic ～★★★ Advanced)
 ← Exercise number
G1 ← Grammar point used (as numbered in the Grammar sections of the main *TOBIRA* textbook)

←この文法を使う「できるリスト」の項目番号

←難易度を表す★（★簡単～★★★難しい）
←練習問題の通し番号
G1 ←本冊「文法」セクションでの番号

Each "Grammar practice" section starts with basic exercises including word conjugation and conjunctive forms. Then, exercise difficulty, indicated by the number of ★, increases to include sentence-level and paragraph-level applications, ultimately leading to the "Comprehensive practice" section that combines multiple grammar points. Each exercise includes many vocabulary terms from that lesson, allowing you to continue using these new terms in real-world contexts. Exercises are presented in various forms, including sentence construction, dialogue completion, and short essays. These serve to solidify your proficiency with the given grammar points by encouraging you to consider when and how they are used in context. Exercises that involve audio recordings are indicated with ⦿**LX-X**.

■ **Listening practice**

"Listening practice" sections involve listening to sentences and dialogues that feature grammar and vocabulary mainly introduced in that lesson. Each lesson includes the following listening exercises (indicated with ⦿**LX-X**), which are to be completed at the end of the lesson:

• Dictation: Listen to short sentences and write down exactly what you hear.
• Prediction: Listen to short dialogues of 2-3 sentences, then choose the most appropriate statement that would follow given that context.
• Extraction: Listen to short dialogues or monologues, then write down key information you understood.
• Comprehension: Listen to short dialogues or monologues, then answer questions that test your understanding of what you heard.

Additionally, this workbook includes Challenge Exercises, which feature natural conversations at the beginner level as well as exercises to grasp their main idea. To better familiarize yourself with more realistic speech patterns, these recordings may include untaught words and phrases, hesitant speech, overlapping utterances, and speakers correcting their statements. Note that the goal is not to understand the entire dialogue, but to focus on and write down key information and words you understood. Refer to the *TOBIRA* website for more information on how to use Challenge Exercises. (For instructors: The audio files for Challenge Exercises found on the *TOBIRA* website are provided as a sample. It is recommended that instructors prepare their own recordings relevant to topics, characters, or places with which their class would be familiar.)

「文法の練習」では、★の数を参考にし、活用や接続形などの基本練習から文完成、まとまりのある文や会話の完成へと、難易度順に進んでください。「まとめの練習」では複数の文法項目を網羅した総合練習を行います。各練習には新出単語が多く含まれているので、現実に即した場面や自然な文脈の中で新しい単語を使う練習もできます。練習問題には文の完成や作成、会話完成、短い作文、音声を聞いて答える問題（⦿**LX-X**で表示）など、様々な形式があるので、「文法をどんな場面でどう使うか」を意識しながら練習し、文法の運用力を養いましょう。

■ **聞く練習**

「聞く練習」では主にその課で学習した文法項目と単語を使った文や会話を聞く練習をします。

この練習は⦿**LX-X**で示された音声ファイルを使って、各課の最後に行ってください。「聞く練習」には以下のような問題が含まれています。

• 書き取り問題：簡単な文を聞いて、正確に書き取る。
• 内容予測問題：2、3文の短い会話を聞き、会話の流れから、次に続く発話、あるいは、最も適した受け答えを考えて、選択する。
• 情報取り問題：短い会話やモノローグを聞き、求められている情報やキーワードを聞き取る。
• 内容理解問題：短い会話やモノローグを聞き、内容が理解できたかを確認する。

また、最後にチャレンジ問題として、初級レベルの自然な会話の大意を掴む練習を設けました。この練習では、実際の会話に慣れるために、未習の語彙や表現、通常の会話で見られる言い淀み、発話の重なり、言い直しなどが含まれた会話を聞きます。全ての内容を理解する必要はないので、聞きながらキーワードや大事なポイントを書き取りましょう。具体的な練習の仕方は「とびら初級WEBサイト」を参照してください。
（先生方へ：「とびら初級WEBサイト」にあるチャレンジ問題の音声はサンプルです。学習者の身近な話題や人物、地名などを使って、ご自分のクラスに適した会話を録音されることをお勧めします。）

Homework answer sheets and submission

Workbook pages can be submitted as homework assignments in the following ways:

- Write your answers in the workbook itself, then cut out the page along the dotted line. (Space for writing your name and the date is included.)
- Download and print separate answer sheets from the "Workbook" section of the *TOBIRA* website.
- Download, fill in, and submit online answer sheets using a tablet.

As there are other ways to submit answer sheets, instructors should choose the most suitable method for students' homework submission.

Answer keys

Instructors can access answer keys by registering through the "Instructor Resources" section on the *TOBIRA* website. All others can purchase an electronic version.

"Workbook" section of the *TOBIRA* Website

The following resources can be downloaded from the "Workbook" section of the *TOBIRA* website:

☐ Audio Recordings
☐ Answer Sheets
☐ Answer Keys (*Registration through "Instructor Resources" required. Otherwise available for purchase.)

■ 宿題の提出方法と解答用紙について

宿題として出された練習問題の解答を提出する方法には、次のようなものがあります。

- 解答をワークブックの各ページ（名前・クラス記入欄あり）に書き込んで、切り取り線から切り取って提出する。
- 解答用紙を「とびら初級 WEB サイト」の「ワークブック」エリアからダウンロードして印刷し、解答を書き込んで提出する。
- ダウンロードした解答用紙にタブレット上で解答を書き込み、オンラインで提出する。

その他にも色々な方法が考えられますので、最適な方法をお選びください。

■ 解答について

解答は「とびら初級 WEB サイト」の「教師エリア」に登録するとご覧になれます。登録教師以外の方は別売の電子版をご覧ください。

■「とびら初級 WEB サイト」の「ワークブック」エリア

「とびら初級 WEB サイト」の「ワークブック」エリアから以下のものがダウンロードできます。

☐ 音声データ
☐ 解答用紙
☐ 解答 （※教師エリアの登録が必要／登録教師以外は別売り）

tobirabeginning.9640.jp/workbook/

Lesson 11 私に漢字の覚え方を教えてくれない?
Can you teach me how to memorize kanji?

単語の練習 | Vocabulary practice

1 Match the words on the left with their opposites on the right.

Ex. 始まる ((something) starts) •　　　• 太い
はじ　　　　　　　　　　　　　　　　　　ふと

1) 細い　　　　　•　　　　　• 終わる
ほそ　　　　　　　　　　　　　お

2) 簡単(な)　　•　　　　　• 温める
かんたん　　　　　　　　　　あたた

3) 丸い　　　　•　　　　　• ぬぐ
まる

4) 冷やす　　　•　　　　　• 怒る
ひ　　　　　　　　　　　　　おこ

5) (くつを) はく　•　　　　• 難しい
　　　　　　　　　　　　　　むずか

6) 笑う　　　　•　　　　　• 四角い
わら　　　　　　　　　　　　しかく

2 Match the phrases on the left with the corresponding verbs on the right.

1) 宿題を　　　•　　• 練習する
しゅくだい　　　　　　れんしゅう

2) 言葉と文字を •　　• 注文する
ことば　もじ　　　　　ちゅうもん

3) ホテルを　　•　　• 予約する
　　　　　　　　　　　よやく

4) ピザを　　　•　　• やる

5) きれいな景色に •　　• 感動する
けしき　　　　　　　　かんどう

6) ソファで　　•　　• 着く
　　　　　　　　　　　つ

7) テーブルにデザートを •　• ゆっくりする

8) 旅館に　　　•　　• 運ぶ
りょかん　　　　　　　はこ

3 Read Tanaka-san's travel memoir from last year. Fill in [　] with the appropriate nouns and __ with verbs from the box to complete the sentences.

Nouns:	庭	場所	自然	雑誌
	にわ	ばしょ	しぜん	ざっし
Verbs:	おどろきました	寄りました	混んでいました	ゆっくりする
		よ	こ	

去年スイス (Switzerland) のマッターホルンに行きました。
きょねん

The Matterhorn

1)[　　　　　] がとてもきれいで、感動しました。
　　　　　　　　　　　　　　　　　　かんどう

その後で、有名なカフェに 2)_____。

そのカフェの 3)[　　　　　] は、ちょっと遠かったです。
　　　　　　　　　　　　　　　　　　　　とお

それから、店はすごく 4)_____。メニューには
　　　　みせ

日本茶や抹茶アイスクリームがあって、5)_____。
にほんちゃ　まっちゃ

店の後ろには、とても広くてきれいな 6)[　　　　　] がありました。そこでコーヒーを
みせ

飲んだり、7)[　　　　　] を読んだりして、8)_____ことができました。

7

4 Match the nouns from the box with their corresponding pictures.

冷蔵庫 _{れいぞうこ}	電子レンジ _{でんし}	なべ	フライパン			
豚肉 _{ぶたにく}	鳥肉 _{とりにく}	牛肉 _{ぎゅうにく}	砂糖 _{さとう}	塩 _{しお}	しょうゆ	卵 _{たまご}

Ex. 冷蔵庫
_{れいぞうこ}

1) _____
2) _____
3) _____
4) _____
5) _____
6) _____
7) _____
8) _____
9) _____
10) _____

5 Match the verbs from the boxes with their corresponding pictures.

焼く _や	ゆでる	いためる	切る _き	混ぜる _ま	入れる _い

1) _____ 2) _____ 3) _____ 4) _____ 5) _____ 6) _____

はさむ	冷やす _ひ	かける	温める _{あたた}	つける	のせる

7) _____ 8) _____ 9) _____ 10) _____ 11) _____ 12) _____

助詞の練習 | Particle practice
_{じょし　れんしゅう}

Fill in ( ) with the appropriate particles. You may use the same particle more than once. Do not use は.

Ex. 冷蔵庫でコーラ（を）冷やします。
_{れいぞうこ}　　　　　　　_ひ

1) 友達の話（　　）感動した。
_{かんどう}

2) 日本の旅館（　　）予約する。
_{りょかん}　　_{よやく}

3) この電車は５時に東京（　　）着きます。
_{でんしゃ}　　　　_{とうきょう}　　_つ

4) 試験（　　）終わった！
_{しけん}　_お

5) スーパー（　　）寄って、帰ります。
_よ

6) ラーメン a.（　　）卵 b.（　　）のせる。
_{たまご}

7) サラダ a.（　　）ドレッシング b.（　　）かける。

8) 家ではくつ下（　　）ぬぎます。

9) 電子レンジでスープ（　　）温める。
_{でんし}　　　　　　_{あたた}

10) カップラーメン a.（　　）お湯 b.（　　）入れる。
_ゆ

11) ケーキミックスと牛乳と卵（　　）混ぜる。
_{ぎゅうにゅう}　_{たまご}　　_ま

12) 山田さんは京都でお茶の店（　　）やっている。
_{きょうと}　_{ちゃ}　_{みせ}

13) テーブル a.（　　）料理 b.（　　）運んでください。
_{りょうり}　　_{はこ}

14) おすし a.（　　）しょうゆ b.（　　）つけて食べてください。

15) パン a.（　　）ハムと野菜 b.（　　）はさんで、サンドイッチを作ります。
_{やさい}

文法の練習 **1** | Grammar practice 1 (G1-G3)
ぶんぽう　　れんしゅう

★ **①**　You are about to go into the Tobiraverse with your classmates as an avatar and are deciding what
G1　kind of avatar you want to create. Answer the questions using the indefinite pronoun の and the cues
provided.

Ex. 　Q：どのアバターがいいですか。　A：イヌのがいいです。

1)

Q：どのアバターがいいですか。　A：_____。

2) 　Q：どちらの顔がいいですか。　A：_____。
　　　　　　　　　　　　　かお
　　　　　　　　　　　[Use an adjective + の.]

3) 　Q：どちらのまゆげ (eyebrows) がいいですか。A：_____。
　　　　　　　　　　　[Use an adjective + の.]

4) 　Q：どちらのヘアスタイルがいいですか。　A：_____。
　　　　　　　　　　　[Use an adjective + の.]

5) white, brown,　　　Q：何色のアバターにしたいですか。　A：_____。
　blue, red, black, etc.　　なにいろ

6) quiet, beautiful, strange, etc.　Q：どんな声にしますか。　A：_____。
　　　　　　　　　　　　　　　　こえ

★ **②**　Now you are in the Tobiraverse with your classmates. Answer the questions based on the pictures
G1　below using the indefinite pronoun の.

山川　　　　　田中　　　　　リー　　　　　上田　　　　スミス

Ex. Q：ライオンは誰のアバターですか。　A：リーさんのです。
　　　　　　　だれ

1) Q：パンダは誰のアバターですか。　A：_____。
　　　　　　だれ

2) Q：丸い顔のアバターは誰のアバターですか。　A：_____。
　　まる　かお　　　　　　だれ

3) Q：あなたは誰のアバターが一番好きですか。　A：_____。
　　　　　だれ

4) Q：どのアバターが一番かわいいと思いますか。　A：_____。

5) Q：どのアバターになってみたいですか。　A：_____。

9

3 ⭐

G2

You run into your classmates in the Tobiraverse but can't recognize them. Ask one of them who they are as in the example. For 4), create your own question and provide the answer.

ユン　カーン　クルーズ　トラン　パイを一つ　チェン　ローズ　リー　パーク　ジーン
ください

Ex. あなた　　　　：あそこでギターをひいている人は誰ですか。
　　　　　　　　　　　　　　　　　　　　　だれ

　　　クラスメート：ジーンさんですよ。

1）あなた　　　　：あそこで_____人は誰ですか。
　　　　　　　　　　　　　　　　　　　　　　　　　　　　　　　　　　だれ

　　　クラスメート：カーンさんですよ。

2）あなた　　　　：あそこで_____は誰ですか。
　　　　　　　　　　　　　　　　　　　　　　　　　　　　　　　　　　だれ

　　　クラスメート：トランさんです。

3）あなた　　　　：_____。

　　　クラスメート：チェンさんです。

4）あなた　　　　：_____。

　　　クラスメート：_____。

 4 ⭐

G2

Make hashtags that describe your favorite café in the Tobiraverse by modifying カフェ with each sentence below as in the example.

Ex. 学校の後でよく寄ります
　　　　　　　　　　よ
1）午後はいつも混んでいます
　　　　　　　　こ
2）朝ゆっくりすることができます
　あさ

3）昨日カフェラテを注文しました
　きのう　　　　　　ちゅうもん
4）先週ワンさんと行きました

5）ケーキがおいしいです
6）景色がきれいです
　けしき
7）オーナーがフランス人です

8）学生があまりいません
9）休みがありません

Ex. # 学校の後でよく寄るカフェ
　　　　　　　　よ

1）#_____カフェ

2）#_____カフェ

3）#_____カフェ

4）#_____カフェ

5）#_____カフェ

6）#_____カフェ

7）#_____カフェ

8）#_____カフェ

9）#_____カフェ

5 You are posting pictures from your study abroad on social media.

G2 **Step 1** Create a caption in Japanese for each picture using a noun modification clause based on the cues
★★ provided.

Ex.【socks】

my friend gave me

<u>友達がくれたくつ下</u>

1)【magazine】

my older (host) sister was reading

_____

_____

Lesson 11

2)【view】

I saw from Mt. Fuji (富士山)
ふ じ さん

_____

_____

3)【friend】

(their) hobby is cooking

_____

_____

4)【place】

I like

_____

_____

5)【Japanese apples】

(they) were on sale (セール)

_____

_____

★★★ **Step 2** Paste or draw your own picture, create a caption, and write about the picture as in the example.

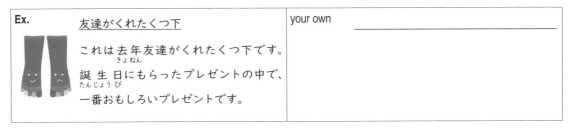

Ex. 　　　<u>友達がくれたくつ下</u>	your own _____
これは去年友達がくれたくつ下です。 きょねん 誕生日にもらったプレゼントの中で、 たんじょう び 一番おもしろいプレゼントです。	

6 Answer the questions about the world you would like to make in a simulation game using a noun
★★ modification clause. (See #4 on p.38 of *TOBIRA II*.)
G2

1）どんな家に住みたいですか。

_____

2）どんな町を作りたいですか。

_____

3）どんな人と友達になりたいですか。

_____

7 Describe each character below in one sentence using the cues provided as in the example. For 3), describe a character of your choice using a noun modification clause.

G2

Ex.			
		• brown body • likes eating • a bit chubby にゃんた	にゃんたは体が茶色くて、食べるのが好きで、ちょっと 太っているネコです。
1)		• cool • popular • good at singing ジャン	ジャンさんは_____ _____ _____人です。
2)		• good at math • likes to memorize kanji • smart リーマン	リーマンさんは_____ _____ _____人です。
3)	Draw or paste your favorite character.		_____ _____ _____ _____

8 Listen to the conversations and answer the questions.

G1,G2

1) Sato-san (male) and Chen-san (female) are discussing what movie they should watch tonight. What kind of movie does Chen-san want to see? Circle all that apply.

    a. a scary one   b. not a scary one   c. a Japanese one   d. a new one

2) Suzuki-san (male) and Brown-san (female) are discussing where they should eat today. Which restaurant are they going to eat at today? Circle all that apply.

    a. the same restaurant they went to yesterday   b. a new restaurant

    c. a restaurant they haven't been to yet   d. a restaurant called Bravo

3) Lee-san (female) is visiting Tanaka-san (male) and finds two paintings in his room. Listen to their conversation and mark ○ if the statement is true and ✕ if it is false.

    a. (   ) Tanaka bought both paintings in New York.

    b. (   ) Tanaka painted both paintings when he was in high school.

    c. (   ) Tanaka bought one of the paintings in New York and painted the other one in his room.

    d. (   ) Tanaka bought one of the paintings in New York and painted the other one when he was in high school.

できるⅡ

★9 Choose the most appropriate options from [ ] to complete the sentences.

G3 **Ex.** 私はテレビを〖a. 見る　b. 見た〗時、めがねをかけます。

1) 私はちょっとおなかが［a. すく　b. すいた］時、りんごを食べます。

2) 有名なレストランに［a. 行く　b. 行った］時、予約して行きました。

3) ジムに［a. 着く　b. 着いた］時、すごく混んでいました。

4) 日本に［a. 行く　b. 行った］時、パスポートを取りました。

5) 日本に［a. 行く　b. 行った］時、東京でおみやげをたくさん買いました。

6) 先生の研究室に［a. 入る　b. 入った］時、ノックして、「失礼します」と言います。

7) 「ユングフラウ (Jungfrau)」という山に［a. 登る　b. 登った］時、山の上から見た景色に感動しました。

8) 私は［a. つかれる　b. つかれた］時、いつもソファでゆっくりします。

9) 宿題を［a. 忘れる　b. 忘れた］時、先生に言います。

10) ラーメンを［a. 注文する　b. 注文した］時、日本語で注文してみました。

★★10 Share your knowledge about Japanese culture. Fill in __ with the most appropriate words from the box. Pay attention to the tense in the 時 clause.

G3

出かける　　もらう　　入る　　とる　　食べる　　なる

Ex. 日本ではご飯を食べる時、「いただきます」と言います。

1) 日本では家の中に_____時、くつをぬぎます。

2) 日本ではどこかに_____時、「行ってきます」と言います。

3) 日本では何か_____時、「ありがとう」と言います。

4) 日本人は病気に_____時、よくおかゆ (rice porridge) を食べます。

5) 日本人は写真を_____時、よくピースサインをします。

6) your own _____時、_____。

11 What do you do in the following situations? Change each phrase into a 時 clause and follow it with
your action as in the example.
G3

Ex. ストレスがある → <u>ストレスがある時</u>、<u>おいしいケーキを食べます</u>。

1）ひまです　　　→ _____時、_____。

2）学校が休みです → _____時、_____。

3）気分が悪いです → _____時、_____。

12 Listen to each conversation and answer the question that follows in a complete Japanese sentence.
G3

●)) **L11-2**

1）_____。

2）_____。

3）_____と言っています。

まとめの練習 **1** | Comprehensive practice 1 (G1-G3)

13 Tom from your Japanese class is showing you photos from his trip to Japan. Fill in __ to complete the
dialogue using the cues provided.

あなた：わあ、1)_____ですね。
　　　　　　　　　　　　　　"beautiful scenery"

トム　：これは 2)_____。
　　　　　　　　　　　　　　"the photo that I took in Kyoto"

あなた：これはどこですか。

トム　：「龍安寺」というお寺です。3)_____お寺です。
　　　　　りょうあん じ　　　　　　　"(a temple where) there is a famous garden"

あなた：へえ。4)_____。
　　　　　　　　"Who is the person with a hat (*lit.* the person who is wearing a hat)?"

トム　：ああ、友達のジョーです。

あなた：5)_____。
　　　　　　"What is the thing that Joe is eating?"

トム　：6)_____。
　　　　　　"This round one?"

　　　　これは「どらやき」という日本のお菓子です。甘くて、おいしいですよ。
　　　　　　　　　　　　　　　　　　　か し　　　　　あま

あなた：へえ。じゃ、今度日本に 7)_____時、食べてみます。
　　　　　　　　　　　　　　　　　　　　　　　[your own]

文法の練習 2 | Grammar practice 2 (G4-G7)
ぶんぽう　れんしゅう

できるⅡ

⑭ You're watching someone make shadow puppets. Describe what the following shadows look like using both 〜みたい and 〜よう as in the example.

G4

Ex.  ゾウ (elephant) みたいです。

ゾウのようです。

1) _____。

_____。

2)  _____。

3) _____。

⑮ Choose the most appropriate option from each [　] to complete the exchanges.

G4

1) 　2) 　3) 　4) 　5)

1) A：このロールケーキはすし [a. みたい　b. みたいな　c. みたいに] です。

B：そうですね。本当のすし [d. みたい　e. みたいな　f. みたいに] 見えますね。
ほんとう

2) A：あれは人の顔 [a. みたい　b. みたいな　c. みたいに] 建物ですね。
かお　　　　　　　　　　　　　　　　　　　　　　　　　たてもの

B：本当ですね。人の顔 [d. みたい　e. みたいな　f. みたいに] ですね。
ほんとう　　　かお

3) A：このチョコレートは花 [a. みたい　b. みたいな　c. みたいに] 見えますね。

B：そうですね。花 [d. みたい　e. みたいな　f. みたいに] チョコレートですね。

4) A：このロボットは人 [a. のよう　b. のような　c. のように] 話せますよ。それから、歌手
かしゅ

[d. みたい　e. みたいな　f. みたいに] 歌うことができます。
うた

B：へえ。すごいですね！

5) A：友達が日本の沖縄はハワイ [a. のよう　b. のような　c. のように] 所 だと言っていまし
おきなわ　　　　　　　　　　　　　　　　　　　　　　ところ

たが、本当ですか。
ほんとう

B：はい。海や自然がハワイ [d. みたい　e. みたいな　f. みたいに] きれいですよ。
しぜん

Lesson 11

16 **G4** Listen to each conversation between Ahn-san (male) and Lin-san (female). Then, answer the question that follows in a complete Japanese sentence. 🔊 **L11-3**

1) _____と言っています。

2) _____。

17 Talk about your dreams, hobbies, and weak/strong points.

G5 **★★** **Step 1** Complete the following sentences about Yamada-san using XはYことです and the cues provided as in the example.

Ex.   1) cake   2) 안녕하세요 *Hola* Xin chào **Hello** 你好 *Bonjour* languages（言葉<small>ことば</small>） of various countries   3)

Ex. 山田さんの夢<small>ゆめ</small>は<u>パティシエになることです</u>。

1）山田さんの趣味<small>しゅみ</small>は_____。

2）山田さんの得意<small>とくい</small>なことは_____。

3）山田さんのきらいなことは_____。

★★★ **Step 2** Describe your own dreams, hobbies, strengths, and what you dislike using Step 1 as a model.

1）私の夢<small>ゆめ</small>は_____。

2）趣味<small>しゅみ</small>は_____。

3）得意<small>とくい</small>なことは_____。

4）きらいなことは_____。

18 **G5** Listen to the conversation between Yoon-san (male) and Lee-san (female). Then, answer the questions that follow in complete Japanese sentences. 🔊 **L11-4**

1) _____

2) _____

できるⅢ

19 Talk about actions in sequence.

G6 **Step 1** The following pictures show two sequential actions performed by Tanaka-san. Describe each
★ pair of sequential actions using V-*te*から as in the example.

田中さんは…

Ex. every morning

毎朝起きてから、シャワーを浴びます。
_お　　　　　　　　　　　　　_あ

1) every day

_____

2) always

take off socks

_____

3) every night

_____

4) yesterday

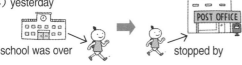

school was over   stopped by

_____

5) last Sunday

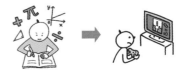

_____

★★ **Step 2** Answer the questions based on your own information. For 4), write about your typical daily
routine using V-*te*から.

1) 毎日学校が終わってから、何をしますか。
　　　　　　　_お

_____

2) 今日家に帰ってから、まず何をしますか。

_____

3) 昨日何をしてから寝ましたか。
　_{きのう}　　　　　　　_ね

_____

4) your daily routine

_____

20 You're at a potluck party with many dishes on the table, and everyone is sharing tips on how best to eat their dishes. Complete the sentences using V-*te*から and the cues provided.

G6

Ex. 冷やす
ひ
I made

1) 焼く
や
kalbi (Korean BBQ short ribs)
my mom sometimes makes

2) かける
crêpes
I often buy at a nearby café

3) 混ぜる
ま
bibimbap
I often order at a famous restaurant

4) 温める
あたた
chicken wings

I bought at a popular store

Ex. これは私が作ったコーヒーゼリーです。冷蔵庫でよく冷やしてから、食べてください。
れいぞうこ　　　ひ

1) _____カルビです。

　　よく_____、食べてください。

2) _____クレープです。

　　チョコレートシロップを_____、食べてください。

3) _____ビビンバです。

　　よく_____、食べてください。

4) _____チキンウィングです。

　　電子レンジで_____、食べてください。
　　でんし

 21 Fill in ( ) with the appropriate particles to ask for instructions.

G7

1)
このアプリ a.(　　) 使い方
　　　　　　　　　　　かた
b.(　　) 知りたいです。

2)
着物 a.(　　) 着方 b.(　　)
きもの　　　きかた
習いたいんですが…
なら

3)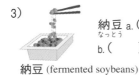
納豆 a.(　　) 食べ方
なっとう　　　かた
b.(　　) 知っていますか。
納豆 (fermented soybeans)
なっとう

4)
病院 a.(　　) 予約 b.(　　) し方
びょういん　　よやく　　　かた
c.(　　) 分からないんですが…

22 You are doing a homestay in Japan. Ask your host family how to do the following.

G7 **Ex.** この漢字を読む　　→ この漢字の読み方を教えてくれませんか。
かんじ　　　　　　　　　かんじ　かた　おし

1) 天ぷら (tempura) を作る　→ _____を知っていますか。
てん

2) 新幹線の切符を買う　→ _____を教えてくれませんか。
しんかんせん　きっぷ　　　　　　　　　　　　　　　　　　おし

3) バスに乗る　　　　　→ _____を教えてください。
の　　　　　　　　　　　　　　　　　　　　　　　　　　おし

4) 美術館に行く　　　　→ _____が分からないんですが…
びじゅつかん

5) この野菜を料理する　→ _____。
やさい　りょうり

6) ラーメンを注文する　→ _____。
ちゅうもん

Class: _____ Name: _____

23 Listen to each conversation between Khan-san (male) and Yee-san (female). Then, answer the questions that follow in complete Japanese sentences. 🔊 **L11-5**

G6,G7

1) Q1: _____

 Q2: _____

2) Q1: _____

 Q2: _____

Lesson 11

まとめの練習 2 | Comprehensive practice 2 (G4-G7)

24 Complete the dialogue between you and Smith-san using the cues provided. Fill in [ ] with the appropriate sequencers. (See #3 Step 2 on p. 45 of *TOBIRA II*.)

スミス：〇〇さんの趣味（しゅみ）は何ですか。

あなた：1)_____。スミスさんは？
[your own (Use a verb and a nominalizer.)]

スミス：私の趣味（しゅみ）は 2)_____。
"to cook"

あなた：へえ、いいですね。3)_____、よく何を作りますか。
"for example"

スミス：そうですね。4)_____。
"The dish I often make is [dish of your choice]."

あなた：そうですか！　私も作ってみたいから、5)_____。
"Could you teach me how to make [dish of your choice]?"

スミス：いいですよ。

 6)[ ]、7)_____。

 8)[ ]、9)_____。

 10)[ ]、11)_____。

 12)_____の 13)_____！
"it's done"

 14)_____。
"It tastes good like the [dish of your choice] that a professional（プロ）makes."

あなた：15)_____ですね。今度、作ってみます。
"sounds simple"

19

聞く練習 | Listening practice
れんしゅう

1 Listen to sentences 1)-3) and write them down. Use katakana and kanji where applicable. 🔊 L11-6

1) _____

2) _____

3) _____

2 Listen to the conversations between two people. Each conversation will end with a beep, indicating a missing line. Then, listen to statements a, b, and c and circle the most appropriate statement for the missing line. 🔊 L11-7

1) a   b   c   2) a   b   c   3) a   b   c

3 Baker-san is asking Tanaka-san how to use a luggage locker (コインロッカー) at a train station in Japan. Listen to their conversation and put steps a-d in the correct order. 🔊 L11-8

プリペイドカード: prepaid card   タッチパネル: touchscreen   タッチする: to touch

a. Touch Suica on the touchscreen   b. Get a receipt

c. Put the luggage into the locker   d. Find the locker with the number shown on the touchscreen

(   ) → (   ) → (   ) → (   )

4 Kai is explaining how to make *okonomiyaki* (Japanese-style pancake/pizza) to Lynn. Listen to their conversation and circle the choice from [ ] that most accurately describes each step. 🔊 L11-9

お好み焼き粉: *okonomiyaki* mix   キャベツ: cabbage   ひっくり返す: to turn over
この　や　こ　　　　　　　　　　　　　　　　　　　　　　　かえ

1) Mix *okonomiyaki* mix, [a. eggs b. sugar c. salt], and [a. hot water b. water c. soy sauce] in a bowl.

Shred (*lit.* cut) cabbage, put it into the bowl, and mix it with the batter.

2) [a. Cook b. Boil c. Stir-fry] it in the frying pan. Then, put [a. beef b. pork c. chicken] on it and cook for 6 minutes.

3) Turn it over and cook it for 5 minutes. Then, turn it over again and [a. mix with sauce b. dip in the sauce

c. pour sauce on it].

5 Yamada-san (female) and Smith-san (male) are talking while looking at the photo below. Listen to their conversation and mark ○ if the statement is true and × if it is false. 🔊 L11-10

1) (   ) Yamada went to the Moominvalley Park in Finland.   テーマパーク: theme park

2) (   ) Yamada did things like seeing Moomin's house, buying Moomin products, and eating Finnish cuisine.

3) (   ) Smith has been to many theme parks including the Moominvalley Park.

4) (   ) According to Yamada, the location of the Moominvalley Park is convenient.

6 Challenge Go to "Challenge Conversation" for further improvement of listening comprehension.
🔊 L11-11

Lesson 12

今度日本に来たら、何がしたい？
When you come to Japan next time, what do you want to do?

単語の練習 | Vocabulary practice
たんご れんしゅう

1 Match the nouns from the box with their corresponding pictures.

a. 動画	b. 楽器	c. 科学者	d. 荷物	e. 値段	f. ただ
どうが	がっき	かがくしゃ	にもつ	ねだん	

1)  _____

2) _____

3)  _____

4) _____

5) _____

6)  _____

2 Match the adjectives on the left with their corresponding meanings on the right.

1) すばらしい ・　　　　　　　・ お金がないこと

2) ひどい ・　　　　　　　・ あまりないこと

3) めずらしい ・　　　　　　　・ とてもいいこと

4) 貧乏（な） ・　　　　　　　・ とても悪いこと
   びんぼう

5) 自由（な） ・　　　　　　　・ 好きなことができること
   じゆう

3 Match the verbs and verb phrases from the boxes with their corresponding pictures.

違う	困る	返す	変える	動く	おろす
ちが	こま	かえ	か	うご	

1) ATM でお金を_____。

2) 寮がうるさいから、_____。
   りょう

3) ロボットのイヌが_____。

4) スマホを新しいのに_____。

5) 図書館に本を_____。
   としょかん

6) 鳥 島 左の漢字は右の漢字と_____。
   かんじ　　かんじ

計算する	筋トレをする	約束する	昼寝をする	仲良くなる	宝くじに当たる
けいさん	きん	やくそく	ひるね	なかよ	たから あ

7) _____。

8) 友達と_____。

9) 値段を_____。
   ねだん

10) ジムで_____。

11) 昼ご飯の後で、_____。
    ひる はん

12) クラスメートと_____。

④ Match the groups of words or phrases on the left with their related verbs on the right.

1）試験／発表／面接　　　•　　　•　払う
　　しけん　はっぴょう　めんせつ　　　　　　はら

2）授業料／家賃／チップ (tip)　•　　　•　緊張する
　　じゅぎょうりょう　やちん　　　　　　きんちょう

3）ジョギング／マラソン　　•　　　•　みがく

4）食堂／レストラン／カフェ　•　　　•　走る
　　しょくどう　　　　　　　　　　　　はし

5）くつ／歯　　　　　　　　•　　　•　落ち込む
　　　　は　　　　　　　　　　　　　おこ

6）お金／スマホのバッテリー (battery)　•　•　なくなる

7）成績が悪い／パートナーと別れた　•　•　食事をする
　　せいせき　　　　　　　わか　　　　　　しょくじ

⑤ Choose the word or phrase from each [　] that is NOT related to the first word.

1）授業　　　［a. 予習　　　b. 復習　　　c. 事故　　　d. 発表　　　］
　　じゅぎょう　　よしゅう　　　ふくしゅう　　じこ　　　はっぴょう

2）卒業する　［a. 単位　　　b. 論文　　　c. 試験　　　d. 約束　　　］
　　そつぎょう　　たんい　　　ろんぶん　　しけん　　　やくそく

3）病院　　　［a. 手術する　b. 発表　　　c. 医者　　　d. 生まれる］
　　びょういん　しゅじゅつ　　はっぴょう　　いしゃ　　　う

4）家族　　　［a. 親　　　　b. 子ども達　c. 兄弟　　　d. 学生　　　］
　　かぞく　　　おや　　　　たち　　　　きょうだい　がくせい

5）建物　　　［a. 大使館　　b. お城　　　c. 島　　　　d. 寮　　　　］
　　たてもの　　たいしかん　　しろ　　　　しま　　　　りょう

6）図書館　　［a. 付き合う　b. 返す　　　c. 読む　　　d. 借りる　　］
　　としょかん　つ　あ　　　かえ　　　　　　　　　　か

7）旅行　　　［a. 計画を立てる b. 地図を見る c. 経験する　d. 就職する　］
　　りょこう　　けいかく　　　ちず　み　　　けいけん　　しゅうしょく

8）集める　　［a. 値段　　　b. データ　　c. お金　　　d. ぬいぐるみ　］
　　あつ　　　　ねだん

9）昼ご飯　　［a. おにぎり　b. 指　　　　c. お弁当　　d. サンドイッチ］
　　ひる　はん　　　　　　　　ゆび　　　　べんとう

10）就職する　［a. 生まれる　b. 面接を受ける c. 履歴書を書く d. 仕事が決まる］
　　しゅうしょく　う　　　　めんせつ　う　　りれきしょ　　しごと　き

助詞の練習｜Particle practice
じょし　れんしゅう

Fill in (　) with the appropriate particles. You may use the same particle more than once. Do not use は.

1）青い鳥が空（　　　）飛んでいます。
　　あお　とり　そら　　　　と

2）日本語の授業の成績（　　　）心配しています。
　　　　　じゅぎょう　せいせき　　　しんぱい

3）ホームステイ（　　　）楽しみにしています。
　　　　　　　　　　たの

4）クラスでキムさん（　　　）仲良くなった。
　　　　　　　　　　　なかよ

5）漢字の「土」は「士」（　　　）違います。
　　かんじ　　　　　　　　ちが

6）私の誕生日は母の誕生日（　　　）同じです。
　　たんじょうび　　たんじょうび　　おな

7）ペットのイヌ（　　　）いなくなりました。

8）服を買ったから、お金（　　　）なくなった。
　　ふく

9）いつ大学（　　　）卒業しますか。
　　　　　　　　そつぎょう

10）去年、専攻 a.（　　　）工学 b.（　　　）変えた。
　　きょねん　せんこう　　こうがく　　か

11）銀行でお金（　　　）おろしてください。
　　ぎんこう

12）仕事（　　　）決まりました！
　　しごと　　き

13）どんな会社（　　　）就職したいですか。
　　かいしゃ　　しゅうしょく

14）私は今、山下さん（　　　）付き合っています。
　　　　　　　　　　　　つ　あ

文法の練習 | Grammar practice
ぶんぽう れんしゅう

できるⅠ

★① Fill in the conjugation rule for the potential form of each verb category. Then, complete the table
G1 with the appropriate potential forms for each verb.

Conjugation rule	Dictionary form	Potential non-past		Potential past	
		Affirmative	Negative	Affirmative	Negative
Ru-verbs Change ____ to ____.	借りる か	借りられる か	借りられない か	借りられた か	借りられなかった か
	変える か				
	着る き				
U-verbs Change /u/ to _____ and attach ____.	買う か				
	帰る かえ				
	飲む の				
	書く か				
Irregular verbs	来る く	(in hiragana)	(in hiragana)	(in hiragana)	(in hiragana)
	する				
	約束する やくそく				

Lesson
12

② Practice how to describe people's abilities using the potential forms of verbs.

G1 **Step 1** Describe what Smith-san can do and cannot do based on the cues provided. For 3), use the ～
★★ たり～たりする structure in your answer.

Ex.

early in the morning

calculate very fast

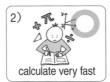

J-POP

run fast

スミスさん

スミスさんは…

Ex. フランス語が話せます。

1) _____。　　2) _____。

3) _____。

4) _____。　　5) _____。

6) _____。

★★★ **Step 2** Write two things you can do and two things you cannot do in detail as in the example.

Ex. 私はスミスさんみたいにピアノがひけます。それから、初めて会った人とすぐ仲良くなれます。

でも、人の名前がすぐ覚えられません。それから、スミスさんみたいに朝早く起きられません。

_____

_____

★★
3 Describe what you can do in the following places in town. For 6) and 7), write about a place in your own town.

G1

ネコカフェ — play with cats

タロ―スシ — the best sushi in town

TOBIRA ZOO — rare animals

ながたBakery — French bread and delicious cake

WORLDcafé — coffee from various countries

TOBIRA MUSEUM — famous paintings

Ex. ワールドカフェで色々な国のコーヒーが飲めます。

1) とびら動物園 (zoo) で_____

2) _____

3) _____

4) _____

5) _____

6) your own _____

7) your own _____

★★
4 For 1)-6), answer each question by choosing the most appropriate word from the box. For 7), think of an answer first and write a question that would elicit the answer using the potential form.

G1

電子レンジ	動画	お弁当	図書館	単位	宝くじ

1) 本を読んだり借りたり、勉強したりできる所はどこですか。 _____ です。

2) SNS で見られる物は何ですか。 _____ です。

3) 食べ物や飲み物を温められる物は何ですか。 _____ です。

4) 当たった人がお金持ちになれる物は何ですか。 _____ です。

5) 大学や高校で授業を取った人がもらえる物は何ですか。 _____ です。

6) 出かけた時、外で食べられる物は何ですか。 _____ です。

7) your own _____。 answer _____ です。

5 Listen to two conversations. For 1), answer the questions that follow the first conversation in complete Japanese sentences. For 2), mark ○ for all the things you can do at the place mentioned in the second conversation.　🔊L12-1

G1

1) _____

2) (　　) コピーできる 　　　　(　　) ATM でお金がおろせる 　　　(　　) 車が借りられる
　　　　　　　　　　　　　　　　　　　　　　　　　　　　　　　　　　　　　くるま　か

　　(　　) ガソリンが買える 　　　(　　) Wi-Fi が使える

　　(　　) コンサートのチケットが買える

できるⅡ

6 Choose the appropriate options from [　] to complete the sentences.

G2

1) 日本では家の中に [a. 入る　b. 入った] 前に、くつをぬぎます。

2) 日本ではレストランで [a. 食事をする　b. 食事をした] 後で、チップ (tip) を払いません。
　　　　　　　　　　　　　　しょくじ　　　　　しょくじ　　　　　　　　　　　　　　　　はら

3) 日本ではおふろに [a. 入る　b. 入った] 前に、体を洗います。
　　　　　　　　　　　　　　　　　　　　　　からだ　あら

4) レストランでは、[a. 食べる　b. 食べた] 後で、お金を払いますが、ファストフードの店では
　　　　　　　　　　　　　　　　　　　　　　　　　　はら　　　　　　　　　　　　　　みせ

　 [c. 食べる　d. 食べた] 前に、お金を払います。
　　　　　　　　　　　　　　　　　はら

5) 昨日、日本語のクラスに [a. 行く　b. 行った] 前に、新しい文法の予習をしました。そして、
　　きのう　　　　　　　　　　　　　　　　　　　　　　　　　　ぶんぽう　よしゅう

　 家に [c. 帰る　d. 帰った] 後で、難しい文法を復習しました。
　　　　　　　　　　　　　　むずか　ぶんぽう　ふくしゅう

7 Indicate which of the two activities you would do first by putting 1 or 2 in (　). Then, describe the order of activities using V前に or V後で as in the examples. For 4) and 5), provide your own activities.

G2

Ex.1 (1) お湯を入れる　(2) ティーバッグを入れる → お湯を入れた後で、ティーバッグを入れます。
　　　　　ゆ　　　　　　　　　　　　　　　　　　　　　　ゆ

Ex.2 (2) お湯を入れる　(1) ティーバッグを入れる → お湯を入れる前に、ティーバッグを入れます。
　　　　　ゆ　　　　　　　　　　　　　　　　　　　　　　ゆ

1) (　　) ボウル (bowl) に牛乳 (milk) を入れる 　　(　　) シリアルを入れる
　　　　　　　　　　　ぎゅうにゅう

　 → ボウルに牛乳を_____。
　　　　　　　　ぎゅうにゅう

2) (　　) 食事をする 　　　　　　　　　　(　　) お金を払う
　　　　　しょくじ　　　　　　　　　　　　　　　　　　　　　　はら

　 → 私がよく行く店では食事を_____。
　　　　　　　　みせ　しょくじ

3) (　　) 筋トレをする 　　　　　　　　　(　　) シャワーを浴びる
　　　　　きん　　　　　　　　　　　　　　　　　　　　　　　　あ

　 → 筋トレを_____。
　　　きん

4) (　　) 歯をみがく 　　　　　　　　　　(　　) _____
　　　　　は

　 → 歯を_____。
　　　は

5) (　　) _____　　　(　　) _____

　 → _____。

★★
8 Talk about preparation for getting a job in Japan.

G2 ① You want to get a job in Japan in the future. Create a step-by-step plan using the cues provided.

Ex. Use V 前に

study abroad
in Japan

graduate from
university

1) Use V 後で

study abroad
in Japan

take 4th year
Japanese

2) Use V 前に

do an internship
in Japan

get a job in Japan

Ex. 大学を卒業する前に、日本に留学したいです。
　　　　　　そつぎょう　　　　　　　　　　りゅうがく

1) _____ 後で、_____。

2) _____ 前に、_____。

② Your friend Mike got a job in Japan last year. Describe his step-by-step plan using the cues provided.

1) Use V 前に

company X

researched various
companies

decided the company
he wanted a job at

2) Use V 後で

checked his résumé
thoroughly

sent (it) to the
company

3) Use V 前に

practiced for a job
interview many times

had a job interview

1) _____、_____。

2) _____、_____。

3) _____、_____。

9 Describe what your schedule was like yesterday and will be like tomorrow.

G2 **Step 1** Listen to what Keita did yesterday and number the activities in the correct order.   🔊 **L12-2**

（　　）筋トレをする　　（　　）予習する　　（　　）授業を受ける　　（　　）ジムに行く
　　　　きん　　　　　　　　　　　　よしゅう　　　　　　じゅぎょう　う

★★★ **Step 2** State what you did yesterday and what you will do tomorrow. Write one sentence using V前に and another using V後で for each day.

1) yesterday

_____

_____

2) tomorrow

_____

_____

10 Describe how you will prepare or prepared for the following situations using 〜ておく and the cues provided.

G3

① You are planning to go to Japan.

Ex.   1) JRパス [Japan Rail Pass] 2) [food prices] 3) [hotel] 4)   5) [ATM]

make   buy   check   reserve   look at   withdraw

Ex. 旅行の計画を立てておきます。
りょこう　けいかく

1) _____   2) _____

3) _____   4) _____

5) _____

② You gave a presentation for your project yesterday.

1) 色々な論文／読む   → _____
いろいろ　ろんぶん

2) データ／集める   → _____
あつ

3) 発表のスライド／作る → _____
はっぴょう

4) 発表の練習／する   → _____
はっぴょう　れんしゅう

11 Describe what you would do to prepare for the following situations using 〜ておく as in the example.

G3   **Ex.** スマホのバッテリー (battery) がなくなる前に、 充電して (charge) おきます。
じゅうでん

1) 大切な友達が遊びに来るから、 _____。
あそ

2) 今取っている授業の論文を書く前に、 _____。
と　じゅぎょう　ろんぶん

3) インターンシップの面接を受ける前に、 _____。
めんせつ　う

4) 子どもが生まれる前に、 _____。
う

12 Your classmate Ben's birthday is coming up soon, and his friends are preparing a surprise party for him. Listen to their conversation and mark ◯ for all the preparations they will do.   🔊 L12-3

G3

( ) order dumbbells   ( ) buy a cake   ( ) decide the time of the party later

( ) collect money   ( ) write a birthday card   ( ) send everyone messages

できるⅢ

★13 Fill in the table with the 〜たら forms of the given words and phrases.

G4

	Affirmative	Negative		Affirmative	Negative
変える か			ある		
決まる き			なくなる		
来る く	(in hiragana)	(in hiragana)	できる		
卒業する そつぎょう			行ける い		
ひどい			仲がいい なか		
貧乏だ びんぼう			親だ おや		

★★14 Talk about hypothetical situations using 〜たら and the cues provided as in the example.

G4

Ex. 空を飛べる → 空を飛べたら、色々な国のお城を見に行ってみたいです。
　　　そら　と　　　　　　　そら　と　　　いろいろ　　　　しろ

1) 宝くじに当たる　　　　　　　　→ _____
　　たから　　あ

2) 好きな人と付き合えない　　　　→ _____
　　　　　　　つ　あ

3) ○○ (your choice) と仲良くなる → _____
　　　　　　　　　　　　　なか　よ

4) 学校がなくて自由だ　　　　　　→ _____
　　　　　　　　じゆう

5) 自分が医者だ　　　　　　　　　→ _____
　　　　　いしゃ

6) 成績が悪い　　　　　　　　　　→ _____
　　せいせき

7) 週末晴れじゃない　　　　　　　→ _____

★★★15 What would you do if the most important thing or person in your life disappeared? Write about the positives and negatives of the situation. (See #4 on p.77 of *TOBIRA II*.)

G4

Possible topics スマホ　インターネット　AI　学校　友達　SNS　音楽　ゲーム　国

もし、_____。

それから、_____。

でも、_____。

⑯ You and your classmates are working on a project for your Japanese class, and you are the team leader. Text your teammates what to do using 〜たら and the cues provided as in the example.

G4

Ex. プロジェクトの計画を立てる／みんなに送る
   → プロジェクトの計画を立てたら、みんなに送ります。

1) データを集める／フォルダに入れる

   → _____ ておいてください。

2) おもしろい論文がある／みんなに送る

   → _____ てください。

3) いい動画がある／シェアする

   → _____ ましょう。

4) 発表の練習の日が決まる／教える

   → _____ ます。

5) 発表が終わる／食事をしに行く

   → _____ ましょう。

⑰ Describe what you typically do in certain situations using 〜たら. For 1) and 2), write your action that typically follows the provided situation. For 3) and 4), write what typically triggers the provided situation.

G4

Ex.1 食事をする → 食事をしたら、歯をみがきます。

1) 宿題が終わる → _____ 。

2) 夏休みになる → _____ 。

Ex.2 たいてい7時になったら、晩ご飯を食べます。

3) _____ 、親に電話します。

4) _____ 、落ち込みます。

⑱ What are you going to do after you graduate from school?

G4

Step 1 Listen to Oh-san's plans for after graduation and answer the questions that follow in complete Japanese sentences. 🔊 **L12-4**

Q1: _____ 。

Q2: _____, 大学院に行きたいと言っています。

Q3: _____ と言っています。

★★★ [Step 2] Write about your plans for after graduation. (See #3 on p.78 of *TOBIRA II*.)

_____

_____

_____

_____

_____

できるⅣ

★⑲ Make various conjectures using 〜みたい or 〜よう based on the visual cues provided as in the example.
G5 Conjugate the predicates accordingly. For 6)-8), listen to the audio cues as well.

Ex. この映画／おもしろい　　　　→ この映画はおもしろくないみたいです。
　　　　　えいが　　　　　　　　　　　　　　　えいが

1）このラーメン屋／おいしい　　　→ _____ みたいです。
　　　　　　　　や

2）この人達／仲がいい　　　　　　→ _____ ようです。
　　　　たち　なか

3）鈴木さん／歌が上手　　　　　　→ _____ ようです。
　　すずき　うた

4）この学生／漢字が得意　　　　　→ _____ みたいです。
　　　　　　　かんじ　とくい

5）田中さん／緊張している　　　　→ _____ 。
　　　　　　きんちょう

🔊 **L12-5**

6）事故／ある　　　　　　　　　　→ _____ 。
　　じこ

7）ネコ／いる　　　　　　　　　　→ どこかに _____ 。

8）荷物／来る　　　　　　　　　　→ _____ 。
　　にもつ

20 You and your classmate found a room to rent. Make four guesses about the current owner based on what you see in the room using ～みたい or ～よう. Include your reasoning behind your conjecture as well.

G5

1) _____

2) _____

3) _____

4) _____

21 Your other classmates Brown-san and Yamamoto-san are visiting a room they are interested in renting. Listen to their conversation and make three conjectures about the current owner based on what you hear using ～みたい or ～よう in complete sentences.

G5

🔊**L12-6**

1) _____

2) _____

3) _____

Class: _____   Name: _____

まとめの練習 | Comprehensive practice

 22 You want to ask Tanaka-san for some advice about homestaying in Hikone, Japan. Complete the dialogue using the cues provided.

あなた：田中さん、今日 1)_____。
　　　　　　"(Do you) have time after the class is over?" [Use a verb.]

　　　 2)_____、ちょっと 3)_____んですが…
　　　　　　"if (you) have time"　　　　　　"(I) have things that I want to ask you" [Use 〜こと.]

田中　：ええ、いいですよ。

<After class>

あなた：実は、夏休みに彦根という町でホームステイをするんですが、田中さん、出身は…

田中　：はい、彦根です！

あなた：そうだと思いました。彦根について、ちょっと教えてくれませんか。

田中　：はい！　彦根は滋賀県にあるんですが、滋賀県には日本で一番大きい湖があるんですよ。

あなた：へえ、そうですか。

田中　：それから、4)_____もあって、5)_____です。
　　　　　　　　　　"a famous castle"　　　　　　　　　"the view is also beautiful"

あなた：へえ、6)_____。早く行ってみたいです。
　　　　　　　　"It seems like it is a good place, isn't it?"

　　　ホームステイも 7)_____。
　　　　　　　　　"(I am) looking forward to (the homestay.)"

　　　でも、ちょっと 8)_____。
　　　　　　　　　"there are things that I'm worried about"

　　　実は、9)_____んです。
　　　　　　　[an example of what you are worried about]

田中　：そうですか。でも、だいじょうぶだと思いますよ。

あなた：そうですか…　日本は初めて行くんですが、10)_____はありますか。
　　　　　　　　　　　　　　　"any other advice（アドバイス）"

田中　：そうですね。11)_____、12)_____。
　　　　　　　　　"before going"　　　　　　[your own (Use 〜ておいてください.)]

あなた：ああ、それはいいアイデアですね。分かりました。えっと、お金は…

田中　：日本の ATM で 13)_____。クレジットカードも使えますよ。
　　　　　　　　　　　"(You) can withdraw (it), so don't worry."

あなた：そうですか。よかった！　今日はありがとうございました。

32

聞く練習 | Listening practice
れんしゅう

1 Listen to sentences 1)-3) and write them down. Use katakana and kanji where applicable. 🔊 **L12-7**

1) _____

2) _____

3) _____

2 Listen to the conversations between two people. Each conversation will end with a beep, indicating a missing line. Then, listen to statements a, b, and c and circle the most appropriate statement for the missing line. 🔊 **L12-8**

1) a   b   c   2) a   b   c   3) a   b   c

3 Tim (male) and Beth (female) are talking about the lottery tickets Tim bought. Listen to their conversation and mark ○ if the statement is true and × if it is false. 🔊 **L12-9**

ダイビング：(scuba) diving

1)（   ）Beth bought lottery tickets in Japan once.

2)（   ）If Beth wins the lottery, she would want to travel the world and buy a big house.

3)（   ）Beth would also want to buy an airplane because she could go to various places with it.

4)（   ）Beth would like to go to the island Tim would buy.

5)（   ）Both Tim and Beth have gone (scuba) diving before.

4 Listen to the conversation between Ueda-san (male) and Young-san (female) and circle the most appropriate choice to complete statements 1)-5). 🔊 **L12-10**

薬：medicine
くすり

1) Ueda wanted to take medicine _____ his workplace this morning.

   a. on the way to   b. after he arrived at   c. before he came to

2) The medicine Young offers should be taken _____.

   a. before eating something   b. after eating something   c. while eating something

3) It seems that the medicine Young offers _____.

   a. makes one sleepy   b. makes one hungry   c. doesn't make one sleepy

4) Ueda will go home _____.

   a. after his work is done   b. without finishing his work   c. after taking medicine

5) Young offers _____.

   a. to do Ueda's work   b. to give Ueda a ride   c. Ueda some food

5 Challenge Go to "Challenge Conversation" for further improvement of listening comprehension. 🔊 **L12-11**

Lesson 13

明日行ってみようと思います。
I think I'll go tomorrow.

単語の練習 | Vocabulary practice
たん ご　れんしゅう

1 Count the objects in Tobira-sensee's office using the appropriate counters from the box. Write your answers in hiragana, and pay attention to the sound change in certain counters.

～こ	～さつ	～はい	～ほん

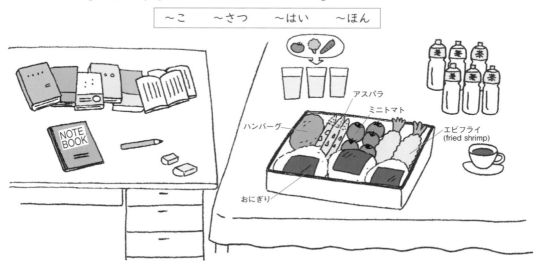

ハンバーグ　アスパラ　ミニトマト　エビフライ (fried shrimp)　おにぎり

Ex. 本：ななさつ

1) ノート：_____

2) えんぴつ：_____

3) 消しゴム：_____
け

4) お茶：_____

5) コーヒー：_____

6) 野菜ジュース：_____
や さい

＜お弁当の中＞
べんとう

7) おにぎり：_____

8) アスパラ：_____

9) ハンバーグ：_____

10) エビフライ：_____

11) ミニトマト：_____

2 Match the words from the box with their corresponding pictures.

たたみ	ふとん	かさ	祭り	美容院	記事	神様	小学生
			まつ	びよういん	き じ	かみさま	しょうがくせい

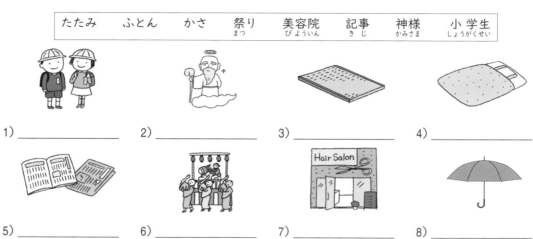

1) _____

2) _____

3) _____

4) _____

5) _____

6) _____

7) _____

8) _____

③ Choose the appropriate option from each box to describe the pictures as in the example.

Ex.   1) 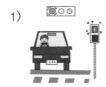   2)   3)   4)

(8) __e__   (　) _____   (　) _____   (　) _____   (　) _____

5)   6)   7)   8)    9) はい、もしもし、田中です。

(　) _____   (　) _____   (　) _____   (　) _____   (　) _____

```
┌─ Nouns ──────────────────────────────┐
│ (1) 花      (2) ガム    (3) かさ      (4) 髪     │
│                                          かみ   │
│ (5) 車      (6) 仕事    (7) お茶                 │
│     くるま                                        │
│ (8) 化粧    (9) 電話    (10) 右                  │
│     けしょう    でんわ                            │
└──────────────────────────────────────┘
```

```
┌─ Particles + verbs ──────────────────────┐
│ a. に出る    b. をする    c. をさす    d. をかむ │
│     で                                          │
│ e. に曲がる  f. が止まる  g. をサボる            │
│     ま           と                            │
│ h. を染める  i. をいれる  j. を植える           │
│     そ                       う                │
└──────────────────────────────────────────┘
```

Lesson **13**

助詞と「〜中」の練習 | Particle and "〜中" practice
じょし　　　　　れんしゅう

Fill in (　) with the appropriate particles and __ with the appropriate words from the box. You may use the same particle more than once. Do not use は.

```
┌───────────────────────────────────────────┐
│ 日本中       世界中       一日中       授業中        │
│ にほんじゅう   せかいじゅう   いちにちじゅう   じゅぎょうちゅう │
└───────────────────────────────────────────┘
```

1) 日本に 留学したいから、奨学金 (　　) 申し込んでみます。
　　　　　 りゅうがく　　　　　　しょうがくきん　　　　　もう　こ

2) 日本の夏は暑いから、留学したら、体 a.(　　) 気 b.(　　) つけてください。
　　　　なつ あつ　　　　　りゅうがく

3) 中学校の時、私はいい生徒 (pupil) じゃなかった。よく授業 a.(　　) 遅刻した。毎日、宿題
　　　　　　　　　　　　せいと　　　　　　　　　　　　じゅぎょう　　　 ちこく　　　　　　　しゅくだい

　 b.(　　) 出たけど、あまりしなかった。時々 c._____に寝たこともある。
　　　 で　　　　　　　　　　　　　 ときどき　　　　　　　　　　　　　 ね

4) 母 a.(　　) とても感謝しているから、毎年、母の日には花 b.(　　) 送って、母 c.(　　) 電話
　 はは　　　　　　　かんしゃ　　　　　　　　　　　　　　　　　　 おく　　　　　　　　 でんわ

　 d.(　　) かけます。

5) 今朝から、気持ち a.(　　) 悪くて、b._____部屋で寝ていた。
　 けさ　　　　　　　　　　　　　　　　　　　　　　　　 へや ね

6) 最近、a._____から日本に観光客 (tourist) が来て、b._____で旅行を
　 さいきん　　　　　　　　　　　　　 かんこうきゃく　　　　　　　　　　　　　　　　　 りょこう

　 楽しんだり、伝統行事 (traditional event) c.(　　) 参加したりしている。
　　　　　　 でんとうぎょうじ　　　　　　　　　　　　 さんか

7) みんなで食堂のルール a.(　　) 守りましょう。食事が終わったら、キッチン b.(　　) 使った
　　　　　 しょくどう　　　　　 まも　　　　　　　　　　 お

　 お皿 c.(　　) 持ってきてください。じゃぐち (faucet) の水 d.(　　) 出ていたら、止めてください。
　　 さら　　　　　　　　　　　　　　　　　　　　　　　　　　　　　 で　　　　　　 と

　 食堂やゆか (floor) のゴミ e.(　　) 拾ってください。食堂では、大きい声で友達 f.(　　) しゃべっ
　 しょくどう　　　　　　　　　　　 ひろ　　　　　　 しょくどう　　　　　 こえ

　 たり、さわいだりしないでください。食堂 g.(　　) 出る時は、ドアを閉めて (close) ください。
　　　　　　　　　　　　　　　　　 しょくどう　　 で　　　　　　　 し

文法の練習 **1** | Grammar practice 1 (G1-G3)
ぶんぽう　れんしゅう

できる I

★1 | **G1** Fill in the conjugation rule for the volitional form of each verb category. Then, complete the table with the appropriate volitional form for each verb.

	Dic. form	Volitional form	Dic. form	Volitional form	Dic. form	Volitional form
Ru-verbs Change ____ to ____.	食べる た		見る み		あげる	
	忘れる わす		起きる お		始める はじ	
U-verbs Change /u/ to ____ and attach ____.	言う い		待つ ま		作る つく	
	休む やす		遊ぶ あそ		死ぬ し	
	話す はな		行く い		急ぐ いそ	
Irregular verbs	注意する ちゅう い		持ってくる も		する	

★2 | **G1** Fill in __ with the volitional form of the appropriate verb from the box to complete each sentence.

つける　　やめる　　かける　　染める　　あやまる　　申し込む　　守る　　注意する
そ　　　　　　　　もう こ　　まも　　ちゅう い

1）明日、美容院で髪を＿＿＿＿＿＿＿＿＿＿＿と思います。
　　　　びょういん　かみ

2）日本の会社で働いてみたいから、インターンシップに＿＿＿＿＿＿＿＿＿＿と思います。

3）ここは車が多いから、歩く時、気を＿＿＿＿＿＿＿＿＿＿と思います。
　　　　くるま　おお　　ある

4）マナーが悪いから、授業中にガムをかむのを＿＿＿＿＿＿＿＿＿＿と思います。
　　　　　　　　じゅぎょうちゅう

5）友達とけんかしました。私が悪かったから、後で＿＿＿＿＿＿＿＿＿＿と思います。

6）漢字を書く時、書き方に＿＿＿＿＿＿＿＿＿＿と思います。
　　かん じ

7）今日は父の日だから、後で父に電話を＿＿＿＿＿＿＿＿＿＿と思います。
　　　　　　　　　　　　　　てん わ

8）忙しいけれど、弟と映画を見に行く約束を＿＿＿＿＿＿＿＿＿＿と思います。
　　いそが　　　　　　　　　　　　　　やくそく

★★3 | **G1** Two friends are talking casually. Fill in each __ with the volitional form of the appropriate verb from the box to complete the exchanges.

いれる　　植える　　する　　サボる　　止める　　参加する　　さわぐ
う　　　　　　　　　　　　と　　さん か

1）A：ここに木を＿＿＿＿＿＿＿＿＿。　　　　　B：いいね。そう＿＿＿＿＿＿＿＿＿。

2）A：眠いからコーヒーを＿＿＿＿＿＿＿＿＿。　　B：うん。じゃ、カップ、持ってくる。
　　　　ねむ

3）A：週末、カラオケで＿＿＿＿＿＿＿＿＿。　　　B：いいね！ カラオケの店、予約しておく。
　　　　　　　　　　　　　　　　　　　　　　　　　　　　　　　　みせ　よやく

4) A：夏祭りで、カラオケコンテスト、するんだって。
　　なつまつ

　 B：ほんと？　じゃ、みんなで＿＿＿＿＿＿＿＿か。

5) A：つかれたから、今日のバイト、一緒に＿＿＿＿＿＿＿か。
　　　　　　　　　　　　　いっしょ

　 B：う〜ん、それはちょっと…

6) A：ここは車を止めるのがただだから、ここに＿＿＿＿＿＿＿！
　　　　くるま　と

　 B：うん、いいね。

4 Report your friends' plans for the winter break using the volitional forms as in the example. For 5), write your own plan.

G1

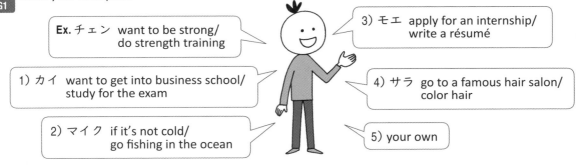

Ex. チェン want to be strong/ do strength training

1) カイ want to get into business school/ study for the exam

2) マイク if it's not cold/ go fishing in the ocean

3) モエ apply for an internship/ write a résumé

4) サラ go to a famous hair salon/ color hair

5) your own

Lesson
13

Ex. チェンさんは強くなりたいから、筋トレをしようと思っています。
　　　　　　　　　　　　　　　　きん

1) カイさんはビジネススクール＿＿＿＿＿＿＿から、試験の＿＿＿＿＿＿＿＿＿＿。
　　　　　　　　　　　　　　　　　　　　　　　　　しけん

2) マイクさんは＿＿＿＿＿＿＿たら、＿＿＿＿＿＿＿＿＿＿＿。

3) モエさんはインターンシップ＿＿＿＿＿＿＿から、＿＿＿＿＿＿＿＿＿。

4) サラさんは＿＿＿＿＿＿＿＿て、＿＿＿＿＿＿＿＿＿＿＿。

5) 私は＿＿＿＿＿＿＿＿＿＿＿＿＿＿＿＿＿＿＿＿＿。

5 Listen to the questions and answer them based on your own information. Use the volitional forms in your answers.

G1

🔊 L13-1

1) ＿＿＿＿＿＿＿＿＿＿＿＿＿＿＿＿＿＿＿＿＿
[Include a reason or details.]

2) ＿＿＿＿＿＿＿＿＿＿＿＿＿＿＿＿＿＿＿＿＿

3) ＿＿＿＿＿＿＿＿＿＿＿＿＿＿＿＿＿＿＿＿＿

できるⅡ

★6
G2

Fill in each __ with the appropriate counter from the box combined with either a number or なん in hiragana to describe your classmates as in the example. You may use each counter only once, and pay attention to the sound change in certain counters.

～じかん　　～ど　　～こ　　～ほん　　～はい　　～さつ

Ex. パクさんは毎日<u>はちじかん</u>も勉強しますが、カンさんは<u>いちじかん</u>もしません。
　　　　　　　　"as long as 8 hours"　　　　　　　　　　　　　　"not even 1 hour"

1) パクさんは毎日 牛 乳 を_____飲みますが、カンさんは_____。
　　　　　　　　ぎゅうにゅう　"as many as 4 glasses"　　　　　　　　　　　"not even 1 glass"

2) パクさんはコーラを_____飲みませんが、カンさんは毎日_____。
　　　　　　　　"not even 1 can"　　　　　　　　　　　　　　　　　"as many as 3 cans"

3) パクさんは毎月本を_____読みますが、カンさんは_____。
　　　　　　　　"as many as 10 books"　　　　　　　　　　　"not even 1 book"

4) パクさんは試験の時、_____答えをチェックしますが、カンさんは_____。
　　　　　　　　しけん　"many times"　こた　　　　　　　　　　　"not even once"

5) パクさんは消しゴムを_____持っていますが、カンさんは_____。
　　　　　　　　け　"as many as 6"　　　　　　　　　　　"not even 1"

7
G3

Listen to the conversations among the *TOBIRA* characters and report what you heard using ～そうです。

🔊 **L13-2**

1) 圭太さんは明日、川_____そうです。
　　けいた

2) リーマンさんは絶対にクラス_____そうです。
　　　　　　　　ぜったい

3) ジャンさんは先週、_____。

4) タオさんは 教 室で_____。
　　　　　　きょうしつ

5) アイさんによると、日本の温泉は_____。
　　　　　　　　　　おんせん

6) マークさんは明日_____そうです。何も予定がないから、_____。
　　　　　　　　　　　　　　　　　　　　　　　よてい

7) アイさんが聞いた天気予報によると、明日は午後から_____て、
　　　　　　　　　　よほう

　　天気が_____。

Class: _____   Name: _____

8 ⭐⭐⭐ Write about a famous Japanese person using the structure indicated with ①-③. Include ～によると、
G3 ～そうです, and noun modification clauses in your report. (The underline in the example indicates a noun modification clause, and its modified noun is boxed.)

> ① Opening   ② Additional information with source   ③ Closing

Ex. ① 私はすぎやまこういちという人について調べました。

すぎやまさんは「ドラゴンクエスト」の音楽を作った 人です。

② ウィキペディアによると、すぎやまさんはピアノがあまり上手じゃな

かったから、音楽大学に行けなかったそうです。でも、東京大学を卒

業した後で、ゲームやアニメやCMの音楽をたくさん作ったそうです。
　　ぎょう

③ 私はすぎやまさんが作った ゲームの音楽 が大好きです。

Lesson
13

あなたのレポート

① _____

_____

② _____

_____

_____

③ _____

まとめの練習 **1** | Comprehensive practice 1 (G1-G3)
　　　　れんしゅう

9 ⭐⭐⭐ Tom and Yamada-san are spending the night at a friend's room. Complete their casual conversation using the cues provided. Use the expressions from the box where appropriate and write all the numbers and counters in hiragana.

> counter + も　　なん + counter + も　　1 + counter + も + V(neg.)

トム：今夜は 1)_____に泊まれて、うれしい！　山田さんの友達に感謝！
　　　こんや　　　　"a room that has tatami and futon"　　　　と　　　　　　　　　　　　　　　　　　　かんしゃ

ところで、友達は今、どこ、行ってるの？

山田：富士山で 2)_____よ。
　　　ふじさん　　"participating in an event（イベント）where (people) pick up trash" [hearsay]

3)_____、夏の富士山は一日に 4)_____から、
　　"according to the news"　　　なつ　ふじさん　　　　　"as many as 4,000 people climb (it)"

ゴミがたくさん出て、困ってるって。
　　　　　　　　て　　こま

トム：へえ、そうなんだ。あ、テニスのラケットが 5)_____！
　　　　　　　　　　　　　　　　　　　　　　　　　"there are many (tennis rackets)" [Don't use たくさん.]

39

それから、アニメのポスターが 6)_____あるね。
"all over the room" [Use hiragana.]

友達は 7)_____ね。
"loves tennis and anime" [conjecture]

山田：うん、そうみたい。

トム：僕もアニメ、好きだけど、ポスターは 8)_____よ。
"(I) don't even have one (poster)."

山田：ところで、ちょっとおなかがすいたね。何か 9)_____か。
"Shall we go eat (something)?" [Use the volitional form.]

トム：うん、いいね。10)_____ ！
"Let's go! (*lit.* Let's do so!)"

文法の練習 2 | Grammar practice 2 (G4-G7)

できるⅢ

10 G4

Each person is doing two things simultaneously. Describe what they are doing using ～ながら as in the example.

Ex. crying　　1) chatting with a friend　　2) looking at the scenery　　3) drinking beer

make noise

Ex. 泣きながら、あやまっています。

1) _____

2) _____

3) _____

4) showing data　　5) dancing　　6) chewing gum　　7) looking at a recipe

4) _____

5) _____

6) _____

7) _____

Class: _____ Name: _____

⑪ Mark ○ for the most natural sentence from each pair. (See #4 on p.101 of *TOBIRA II*.)

G4 1) (　　) ポップコーンを食べながら、映画を見ています。

　　　(　　) 映画を見ながら、ポップコーンを食べています。

2) (　　) かさをさしながら、自転車に乗っています。
　　　　　　　　　　　　　　　　　　じてんしゃ　　の

　　(　　) 自転車に乗りながら、かさをさしています。
　　　　　　じてんしゃ　　の

3) (　　) 車を運転しながら、ラジオ (radio) を聞いています。
　　　　　　くるま　うんてん

　　(　　) ラジオを聞きながら、車を運転しています。
　　　　　　　　　　　　　　　くるま　うんてん

⑫ Complete the sentences based on your own information using 〜ながら.

G4 1) 昨日の晩、_____食事をしました。
　　　　　ばん

2) いつも_____ながら、_____。

Lesson **13**

できるⅢ&Ⅳ

⑬ Think about what you should or should not do under the given conditions. Complete the sentences using 〜なくてはいけません or 〜てはいけません as in the example.

G5,G6

Ex. 台風やハリケーンの時、海や川に近づいてはいけません。（近づく：to approach）
　　　たいふう　　　　　　　　　　　　ちか

それから、窓やドアを閉めなくてはいけません。（閉める：to close）
　　　　　まど　　　　し　　　　　　　　　　　し

1) 地震の時、エレベーターを_____。
　　じしん　　　　　　　　　　　　　　　　"use"

料理をしていたら、すぐに火を_____。
　　　　　　　　　　　　　　　　"turn off (*lit.* stop)"

2) かみなり (thunder) が聞こえたら、ゴルフを_____。
　　　　　　　　　　　　　　　　　　　"stop (playing golf)"

外にいる時は、どこか建物の中に_____。
　　　　　　　　　たてもの　　　　　"enter"

3) 大雪や大雨の時、車の運転に_____。
　　おおゆき　おおあめ　くるま　うんてん　　"be careful"

それから、子どもは_____。
　　　　　　　　　　　"play outside"

4) _____。
　　　　　　　　　　　　[your own]

　_____。
　　　　　　　　　　　　[your own]

41

14 Listen to statements a-c and circle the one that correctly describes what each traffic sign indicates.

G5,G6 🔊 L13-3

1) ここで [a b c]。

2) 右に [a b c]。

3) 動物に [a b c]。

4) 車や自転車は [a b c]。
くるま じてんしゃ

5) 8時から20時まで車を [a b c]。
くるま

6) 午後10時から午前6時まで車を [a b c]。
くるま

---

15 ★ Did you know you don't need to do these things while you are in Japan? Fill in each __ with the appropriate verb from the box using 〜なくてもいいです as in the example.

G7

買う	予約する	払う	借りる	持っていく	開ける (to open)
	よやく	はら	か		あ

Ex. タクシーは自動ドア (automatic door) だから、自分でドアを開けなくてもいいです。
じどう　　　　　　　　　　　　　　　　　　　　あ

1) タクシーに乗った時、チップを_____。
の

2) 電車も地下鉄もバスもあるから、東京では車を_____。
でんしゃ ちかてつ　　　　　　　　　　　くるま

3) ICカードを持っていたら、電車や地下鉄に乗る時、きっぷを_____。
でんしゃ ちかてつ の

4) ホテルや旅館に泊まる時、パジャマや歯ブラシ (toothbrush) を_____。
りょかん と　　　　　　　　　　　　　は

5) お寺や神社を見る時、たいてい_____。
じんじゃ

---

16 ★★ Tan-san and Yamada-san are talking about rules, customs, and manners in their countries. Choose the most appropriate options from [ ] to complete their exchanges.

G5-G7

1) タン：レストランで食事をした時、チップを[a. 払わなくてはいけません　b. 払ってはいけません] か。
はら　　　　　　　　　　　　　はら

　　山田：いいえ、日本では [c. 払ってもいい　d. 払わなくてもいい] ですよ。
はら　　　　　　　　　　　はら

2) タン：日本ではかさをさしながら自転車に [a. 乗ってはいけない　b. 乗ってもいい] そうですね。
じてんしゃ　　の　　　　　　　　　　の

　　山田：ええ、そうです。危ないからです。
あぶ

3) 山田：日本ではスマホを [a. 持ってきてはいけない　b. 持ってこなくてはいけない] 高校が

　　　　あるそうです。

　　タン：えっ、本当ですか。電話ができなかったら、不便ですよ。
でんわ　　　　　　　　ふべん

　　山田：ええ。私は [c. 持ってきてもいい　d. 持ってこなくてもいい] と思うんですけど…

4) タン：日本は道がとてもきれいだそうですね。

　　山田：ええ、道にゴミを ［a. 捨ててもいい　b. 捨ててはいけない］ んです。ゴミは

　　　　　ゴミ箱 (trash can) に ［c. 捨ててはいけません　d. 捨てなくてはいけません］。

　　　　　ゴミ箱が近くにない時は、自分で家にゴミを

　　　　　［e. 持って帰ってはいけない　f. 持って帰らなくてはいけない］ んです。

5) タン：車の運転のルールは中国や韓国と同じですか。

　　山田：いいえ、違います。日本では、道の右を

　　　　　［a. 運転してはいけません　b. 運転しなくてはいけません］。

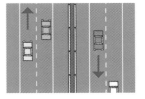

17 You are about to start an internship at a Japanese company. Based on the information provided, state the expectations during your internship.

G5-G7

インターンシップで気をつけること

【**Must not do**】

Ex. 会社に遅刻する

1) 髪を変な色に染める

2) ガムをかみながら話す

【**Must do**】

3) スーツを着る

4) 会議に参加する

5) 時間を守る

【**Don't have to do**】

6) お客様 (guest) にお茶をいれる

7) 電話に出る

Ex. 会社に遅刻してはいけません。

1) _____

2) _____

3) _____

4) _____

5) _____

6) _____

7) _____

18 Compare different school settings based on your own information. Complete the sentences using ～てはいけない, ～なくてはいけない, ～てもいい, and/or ～なくてもいい.

G5-G7

1) 小学生は_____が、

　　大学生は_____。

2) 対面 (in-person) のクラスでは_____が、

　　オンラインのクラスでは_____。

3) 日本語の授業では_____が、

　　_____の授業では_____。

Class: _____   Name: _____

できるⅣ

⑲ Listen to the questions and answer them based on your own information. For 3), write about house chores or rules. 🔊 **L13-4**

G5-G7

1) _____

2) _____

3) _____

_____

まとめの練習 **2** | Comprehensive practice 2 (G4-G7)

⑳ Your friend Yamakawa-san, who is going to study abroad at your home university, has some questions for you. Complete the dialogue using the cues provided.

山川　：今度、〇〇さんの大学に留学するんですが、大学の寮にはどんなルールがありますか。

あなた：そうですね。寮では 1)_____。
　　　　　　　　　　　　　　　[your own (obligation or prohibition)]

山川　：そうですか。じゃ、寮とアパートとどちらの方がいいと思いますか。

あなた：うーん、そうですね。2)_____から、
　　　　　　　　　　　　　　　[your opinion (Use "don't have to.")]

　　　　3)_____と思いますよ。
　　　　　　　　　　[your answer]

山川　：分かりました。じゃ、4)_____と思います。
　　　　　　　　　　　　　[Use the answer above and the volitional form.]

　　　　あ、ところで、5)_____。
　　　　　　　　　　　　　"Do I have to buy (noun of your choice)?" [Ex. bed]

あなた：6)_____。
　　　　　　　　　[your answer (Include a reason.)]

山川　：そうですか。それから、私は〇〇さんの国の習慣をよく知らないから、ちょっと心配し

　　　　ています。例えば、7)_____や 8)_____をよく知りません。
　　　　　　　　　　　　　"how to tip (lit. pay a tip)"　　"how to ride a train"

あなた：それは 9)_____。住んだら分かりますよ。
　　　　　　　　　　　"You don't have to worry (about that)."

山川　：そっか、そうですね。ありがとうございます。

44

聞く練習 | Listening practice
れんしゅう

1 Listen to sentences 1)-3) and write them down. Use katakana and kanji where applicable. 🔊 L13-5

1) _____

2) _____

3) _____

2 Listen to the conversations between Kim-san (female) and Tanaka-san (male). Each conversation will end with a beep, indicating a missing line. Then, listen to statements a, b, and c and circle the most appropriate statement for the missing line. 🔊 L13-6

1) a   b   c   2) a   b   c   3) a   b   c

3 Listen to today's news podcast and fill in __ based on what you hear in English. 🔊 L13-7

Lesson 13

観光局：Tourism Organization　交番：police box　見つかる：to be found　熱中症：heatstroke
かんこうきょく　　　　　　　　　　　こうばん　　　　　　　　　　　　　　　　　　　　　　　　　ねっちゅうしょう

Source	Information
Tourism Organization	_____ people visited Japan from overseas in group tours this month. It was difficult to _____.
Police box	An elementary school student picked up a foreign person's _____ and _____ and brought them to the police box near _____. The tourist was glad that the lost items were found and thanked _____.
News anchor	Today's temperature at 2:00 PM was _____. Many people are reported to be hospitalized because _____.
Weather forecast	Tomorrow will be hotter, so _____ heatstroke.

4 Fang-san (male) is at a cultural center in Japan. Listen to the conversation between Fang-san and the receptionist (female) and mark ○ if the statement is true and × if it is false. 🔊 L13-8

パンフレット：brochure　筆：brush　すみ：ink (for Japanese calligraphy)
　　　　　　　　　　　　　ふで

1) (   ) The receptionist gave Fang a brochure for the calligraphy class.

2) (   ) Fang has to buy everything he needs for the calligraphy class.

3) (   ) Up to 15 people can take the calligraphy class.

4) (   ) Fang can practice speaking Japanese with his classmates during the calligraphy class.

5) (   ) Fang is signing up for the calligraphy class tomorrow.

5 **Challenge** Go to "Challenge Conversation" for further improvement of listening comprehension.
🔊 L13-9

単語の練習 | Vocabulary practice
たんご れんしゅう

1 Match the nouns on the left with the verbs on the right that are commonly paired with them.

1）電気　•	•　連絡する
	れんらく
2）窓　•	•　わかす
まど	
3）Wi-Fi　•	•　かける
4）友達　•	•　つなげる
5）かぎ　•	•　つける／消す
	け
6）お湯　•	•　開ける／閉める
ゆ	あ　　　し

2 Fill in the table with transitive and intransitive verb pairs in their dictionary forms.

Transitive verb	Intransitive verb	Transitive verb	Intransitive verb
（窓を）開ける まど　あ	（窓が）＿＿＿＿＿＿ まど	（ドアを）＿＿＿＿＿＿	（ドアが）閉まる し
（電気を）＿＿＿＿＿＿ でんき	（電気が）つく でんき	（電気を）消す でんき　け	（電気が）＿＿＿＿＿＿ でんき
（スマホを）こわす	（スマホが）＿＿＿＿＿＿	（シャツを）＿＿＿＿＿＿	（シャツが）汚れる よご
（財布を）＿＿＿＿＿＿ さいふ	（財布が）落ちる さいふ　お	（車を）止める くるま　と	（車が）＿＿＿＿＿＿ くるま
（かぎを）かける	（かぎが）＿＿＿＿＿＿	（お湯を）＿＿＿＿＿＿ ゆ	（お湯が）わく ゆ
（カップを）＿＿＿＿＿	（カップが）割れる わ	（Wi-Fi を）つなげる	（Wi-Fi が）＿＿＿＿＿＿
（財布を）なくす さいふ	（財布が）＿＿＿＿＿＿ さいふ	（水を）＿＿＿＿＿＿ みず	（水が）出る みず　で

3 Describe your worst day. Fill in each __ with the appropriate word from the box and (　) with the appropriate particle.

乗り遅れる	転ぶ	ぶつかる	朝ねぼうする	落とす	間違える	なくす
の　おく	ころ		あさ	お	まちが	

今日は最悪の日でした。
　　　さいあく

1)
＿＿＿＿＿＿ました。

2)
朝、バス（　　）
あさ
＿＿＿＿＿＿ました。

3)
知らない人（　　）
＿＿＿＿＿＿ました。

4)
道で
＿＿＿＿＿＿ました。

5)
教室（　　）
きょうしつ
＿＿＿＿＿＿ました。

6)
アイスクリーム（　　）
＿＿＿＿＿＿ました。

7)
スマホ（　　）
＿＿＿＿＿＿ました。

4 Fill in __ with the appropriate words to describe your health conditions and actions below.

1) _____ が _____
2) _____ をする
3) _____ になる
4) _____ allergy _____ がある
5) _____ が痛い
いた
6) _____ が痛い
いた
7) _____ が痛い
いた
8) _____ を _____

5 Fill in __ with the appropriate verbs that are used in common for the following words and phrases.

Ex. {水／せき} が 出る

1) {花を部屋／絵をかべ} に _____
へ や
2) {水／宿題} を _____
しゅくだい
3) {友達／思い出／勉強} が _____
おも て
4) {こわれた車／間違い} を _____
ま ちが

6 Match the nouns on the left with their explanations on the right.

1) ろうそく ・   ・ 例えば、バナナやレモン

2) 果物 ・   ・ 火をつけて使う物
くだもの

3) 出口 ・   ・ 建物を出る時に使う所
て ぐち   たてもの

4) 看板 ・   ・ けがをした時に出る物
かんばん

5) 血 ・   ・ 店の前や道にあって、店の名前や場所が分かる物
ち   みせ   みせ

Lesson **14**

助詞の練習 | Particle practice
じょ し れんしゅう

Fill in ( ) with the appropriate particles. You may use the same particle more than once. Do not use は.

1) 試験の時はかばん a.(   ) 机 の下 b.(   ) 置いてください。
しけん   つくえ   お

2) せき a.(   ) 出て、のど b.(   ) 痛いから、かぜの薬 c.(   ) 飲みました。
いた   くすり

3) 走っている時、人 a.(   ) ぶつかって、転んで、けが b.(   ) しました。
ころ

4) スケジュール a.(   ) なくしたから、試験の日 b.(   ) 間違えました。
しけん   まちが

5) アイさんはジャンさん a.(   ) 京都 b.(   ) 案内しました。
きょうと   あんない

6) 私は毎日、学校 a.(   ) お弁当 b.(   ) 持っていきます。
べんとう

7) 家族の写真 a.(   ) かべ b.(   ) はって、花 c.(   ) テーブルの上 d.(   ) かざりました。
か ぞく しゃしん

8) A：田中さん a.(   ) 連絡した？
れんらく

B：うん。それから、昨日トムさん b.(   ) 連絡 c.(   ) あって、トムさんもパーティーに
れんらく

来るそうだよ。

文法の練習 **1** | Grammar practice 1 (G1-G6)
ぶんぽう れんしゅう

できる I

★1 Fill in each ___ with the appropriate intransitive or transitive verb in the non-past plain form and ( )
G1 with the appropriate particle to describe the pictures.

1)

ドア（　　）

_____

2)

ドア（　　）

_____

3)

スマホ（　　）

_____

4)

スマホ（　　）

_____

5)

皿（　　）
さら

_____

6)

皿（　　）
さら

_____

7)

車（　　）

_____

8)

車（　　）

_____

9)

水（　　）

_____

10)

水（　　）

_____

11)

トイレにネコ（　　）

_____

12)

トイレにネコ（　　）

_____

★2 Compare living in an old dorm and a smart house as in the example.

G1 **Ex.** 朝、明るくなったら寮では自分でカーテン（ を ）_____開けます_____が、
あさ　　　　　　　　りょう　　　　　　　　　　　　　　　　　　　　あ

スマートホームでは自動でカーテン（ が ）_____開きます_____。
じどう　　　　　　　　　　　　　　　　あ

1) 出かける時、寮では自分でかぎ（　　）_____が、
りょう

スマートホームでは自動でかぎ（　　）_____。
じどう

2) 夜、暗くなったら、寮では自分で電気（　　）_____が、
よる　　　　　　　りょう　　　　　てんき

スマートホームでは自動で電気（　　）_____。
じどう　てんき

3) 寝る時、寮では自分で電気（　　）_____が、
ね　　りょう　　　　　てんき

スマートホームでは自動で電気（　　）_____。
じどう　てんき

4) 手を洗う時、寮では自分で水（　　）_____が、
あら　　りょう

スマートホームでは自動で水（　　）_____。
じどう

5) your own　寮では_____が、
りょう

スマートホームでは_____。

★★ ③ Ask your roommate to help prepare for guests. Fill in each ( ) with the appropriate particle and
G2 __ with the appropriate intransitive or transitive verb in the correct form.

入る	出す	つける	消える	つなげる	つながる	汚れる	落ちる	こわれる	直す
はい	だ		き			よご	お		なお

Ex. 冷蔵庫に果物 (が) _____入っている_____ から、 _____出して_____ くれない？
れいぞうこ　くだもの

1) ゆかにゴミ ( ) _____ いるから、拾ってくれない？

2) 入口の電気 ( ) _____ から、_____ くれない？
いりぐち　でんき

3) テーブル ( ) _____ から、きれいにしてくれない？

4) スマートスピーカーが Wi-Fi ( ) _____ いないから、_____ ？

5) いす ( ) _____ から、_____ ？

★★ ④ You are sharing a to-do list with your friend to prepare for your classmate's birthday party. Indicate
G3 which tasks have been completed and which tasks are still pending as in the examples.

Ex.1 ☑ buy flowers

花が買ってあります。

Ex.2 ☐ buy ice cream

アイスクリームは買ってありません。

1) ☑ order pizza（ピザ）

_____

2) ☑ contact friends

_____

3) ☑ write a card（カード）

_____

4) ☐ display flowers in the room

_____

5) ☐ put fruits in the fridge

_____

6) ☐ your own [Use a transitive verb.]

_____

★★ ⑤ Choose the appropriate options from [ ] to complete the exchanges.

G2,G3 1) Ａ：あれ？　テーブルの上にバターが［a. 出て　b. 出して］いるよ。

Ｂ：あ、ケーキを作るから、［c. 出て　d. 出して］あるんだ。

2) 母：どうして人形を［a. 落とした　b. 落ちた］の？
にんぎょう　　お　　　　お

子：私は何もしていないよ。人形が［c. 落とした　d. 落ちた］んだよ。
にんぎょう　　お　　　　　お

3) Ａ：あれ？　冷蔵庫にパンが［a. 入って　b. 入れて］いるけど…
れいぞうこ

Ｂ：あ、［c. 入って　d. 入れて］あるんだ。パンのチョコレートがとける (melts) から。

Class: _____ Name: _____

6 Mark the sentence that describes each action or situation in 1)-5) as in the example. Note that some sentences are ungrammatical. Then, choose what each sentence describes from a-e in the box.

G2,G3

| a. Change | b. Action | c. State resulting from change |
| d. State resulting from purposeful action | e. Action in progress |

Ex.
（〇）お湯をわかします。　　（　）お湯がわきます。　　<u>b</u>

1)
（　）ドアが開きます。　　（　）ドアを開けます。　　____

2)
（　）窓が開いています。　　（　）窓を開けています。
（　）窓が開けています。　　　　　　　　　　　　____

3)
（　）今、窓が開いています。　　（　）今、窓が開けています。
（　）今、窓を開けています。　　　　　　　　　　　____

4)
（　）部屋に花がかざっています。　　（　）部屋に花をかざっています。
（　）部屋に花がかざってあります。　　　　　　　　____

5)
（　）絵をかべにかざっています。　　（　）絵がかべにかざっています。
（　）絵がかべにかざってあります。　　　　　　　　____

7 Draw or paste a picture of your room and describe its current state using some words from the box.

G3

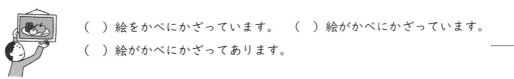

| かざる　　はる　　開く　　閉まる　　つく　　消える　　any verb introduced in L14 |

a picture of your room

_____

_____

_____

_____

_____

Class: _____   Name: _____

 ★★★
8 Choose the most appropriate options from [ ] to complete the descriptions of various kinds of bread/pastries. For 6), write about a type of unique bread/pastry of your choice. (Review the L11
G2,G3 vocabulary and see 日本語多読道場 on the back cover of this workbook.)
にほんごたどくどうじょう

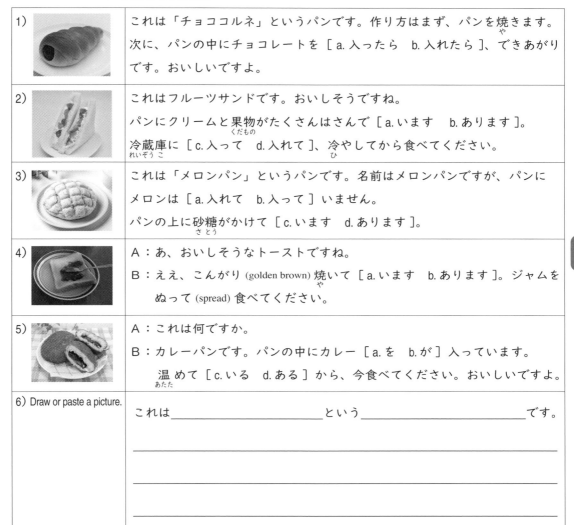

1)		これは「チョココルネ」というパンです。作り方はまず、パンを焼きます。次に、パンの中にチョコレートを [a. 入ったら b. 入れたら]、できあがりです。おいしいですよ。
2)		これはフルーツサンドです。おいしそうですね。パンにクリームと果物がたくさんはさんで [a. います b. あります]。冷蔵庫に [c. 入って d. 入れて]、冷やしてから食べてください。
3)		これは「メロンパン」というパンです。名前はメロンパンですが、パンにメロンは [a. 入れて b. 入って] いません。パンの上に砂糖がかけて [c. います d. あります]。
4)		A：あ、おいしそうなトーストですね。 B：ええ、こんがり (golden brown) 焼いて [a. います b. あります]。ジャムをぬって (spread) 食べてください。
5)		A：これは何ですか。 B：カレーパンです。パンの中にカレー [a. を b. が] 入っています。 温めて [c. いる d. ある] から、今食べてください。おいしいですよ。
6) Draw or paste a picture.	これは_____という_____です。 _____ _____ _____

Lesson
14

9 Listen to the explanations of the four types of cuisines from around the world. Then, match them with
G1-G3 the corresponding pictures. 🔊 L14-1

1) _____   2) _____   3) _____   4) _____

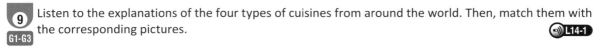

a.   b.   c.   d.

51

できるⅡ

★10 Complete the table below with the past form of Vてしまう and its variations using the given words.

G4

	〜てしまいました／ でしまいました	〜てしまった／でしまった	〜ちゃった／じゃった
なくす	なくしてしまいました	なくしてしまった	なくしちゃった
落ちる お			
忘れる わす			
間違える まちが			
ぶつかる			
転ぶ ころ			
する			
来る く	(in hiragana)	(in hiragana)	(in hiragana)

★11 Express regret and disappointment about what happened to you in both polite and casual speech based on the cues provided. Fill in ( ) with the appropriate particles.

G4

disappeared

<Polite speech> Use 〜てしまいました.

今日は最悪の日でした。1) 朝、アラームがこわれていて、_____。
さいあく あさ

2) 走ったけれど、バス（   ）_____。

3) その時、_____、けが（   ）_____。

4) そして、財布を_____。5) だから、お金が_____。
さいふ

<Casual speech> Use 〜ちゃった／じゃった.

今日は最悪の日だった。1) 朝、アラームがこわれていて、_____。
さいあく あさ

2) 走ったけど、バス（   ）_____。

3) その時、_____、けが（   ）_____。

4) そして、財布を_____。5) だから、お金が_____。
さいふ

Class: _____   Name: _____

★★ 12 Make two sentences using 〜ちゃった／じゃった to post on social media with the hashtag #最悪.
さいあく

G4 Ex. あー最悪！　朝ねぼうして、試験に遅れちゃった。　#最悪
さいあく　　あさ　　　　　しけん　おく　　　　　さいあく

1）あー最悪！ _____ #最悪
さいあく　　　　　　　　　　　　　　　　　　　　　　　　　さいあく

2）あー最悪！ _____ #最悪
さいあく　　　　　　　　　　　　　　　　　　　　　　　　　さいあく

★ 13 Talk about possibilities in the following situations using 〜かもしれません. Fill in each __ with the most appropriate word or phrase from the box in the correct form.

G5

にげる　　けがをする　　つく　　乗り遅れる　　出る　　二日よいだ　　くさい　　簡単だ
の　おく　　　　　　　　　　　　　　　　かんたん

1）この道は車が多いから、車にぶつかって_____かもしれません。歩く時、気をつけて
おお
ください。

2）大きいイヌがいたから、にゃんたはどこかに_____かもしれません。

3）タオさんがまだ来ていません。バスに_____。

4）台風の時は、電気が_____。それから、
たいふう　　てんき
水が_____。だから、ろうそくと水を買っておきます。

5）おとといからシャワーを浴びてないから、今、私はちょっと_____。
あ

6）14 課 (lesson) の文法はあまり難しくないから、今度の試験は_____。
か　　　　　　　ぶんぽう　　　　むずか　　　　　　　しけん

7）田中さんは気分が悪そうですね。昨日、お酒をたくさん飲んでいたから、今日は
さけ
_____。

★★ 14 Complete the sentences about what might happen or might have happened in the following situations using 〜かもしれません as in the example.

G5 Ex. そばを食べて、気持ちが悪いです。そばアレルギーかもしれません。

1）にゃんたが家にいません。_____かもしれません。

2）アイさんから連絡がありません。_____かもしれません。
れんらく

3）もっと働くロボットが多くなったら、将来人がする仕事は_____。
おお　　　　　　しょうらい

4）タオさんの部屋の電気が消えているから、_____。
へや　てんき　き

5）30 年後、_____で_____。
[place/tool]　　　　　　　　　　　[Use the potential form.]

53

★★★
15
G3-G5

Ai and Tao are preparing for Mark's birthday party. Complete their casual conversation using the cues provided. Choose the most appropriate options from [ ] and fill in ( ) with the appropriate particle.

アイ：タオちゃん、ケーキ、作ろうか。冷蔵庫に卵と牛乳 1)(　　　) 2)[a. 入って　b. 入れて]
　　　　　　れいぞうこ　たまご　ぎゅうにゅう　　　　　　　はい　　　　　　い

　　　いるから、3)[a. 出して　b. 出て] くれない？
　　　　　　　　　　　　だ　　　　て

タオ：うん、分かった。あっ、卵を 4)[a. 落ちて　b 落として] 5)[a. 割れちゃった　b. 割っちゃった]！
　　　　　　　　　　　　　たまご　　　　お　　　　　お　　　　　わ　　　　　　　わ

　　　6)_____！ 7)_____から、すぐにそうじするね。
　　　　　　"*lit.* Worst"　　　　　　　　"the floor became dirty (to my regret)"

アイ：うん、じゃ、私は 8)_____ ておくよ。
　　　　　　　　　　　　　　"(I will) post (some) photos of our memories on the wall."

タオ：うん、これを見たら、マークさんは 9)_____。
　　　　　　　　　　　　　　　　　　　　　[your own (Use ～かもしれない.)]

★
16
G6

Complete the sentences using ～すぎる and the cues provided as in the example.

Ex. 高い　　→ この時計は<u>高すぎます</u>。

1) しゃべる → 昨日は友達と_____。カフェで３時間も話していました。

2) 歌う　　→ 昨日、カラオケで_____から、今日のどが痛いです。
　　うた　　　　　　　　　　　　　　　　　　　　　　　　　　　　　　　　いた

3) 飲む　　→ 田中さんは昨日、_____みたいです。今日は二日よいだと言っていま
　　　　　　　　　　　　　　　　　　　　　　　した。

4) 食べる　→ 昼ご飯を_____から、今日の晩ご飯はサラダだけにします。
　　　　　　　ひる　ばん　　　　　　　　　　　　　　ばん　はん

5) くさい　→ このトイレは_____から、入りたくないです。

6) 悪い　　→ このキャラクターは性格が_____と思います。
　　　　　　　　　　　　　　　　せいかく

7) からい　→ 姉は私が作ったカレーを食べませんでした。_____かもしれません。

8) まじめ　→ 私のルームメートは_____。週末も遊びに行きません。
　　　　　　　　　　　　　　　　　　　　　　　　　　　　　　　あそ

★★
17
G4,G6

Complete the sentences using ～すぎてしまう to describe what you (regrettably) did in excess.

Ex. 昨日、試験で<u>漢字を間違えすぎてしまいました</u>。今からもっと漢字を勉強しなくてはいけません。
　　しけん　かんじ　まちが　　　　　　　　　　　　　　　　　　かんじ

1) アイスクリームを_____。今、おなかが痛いです。
　　　　　　　　　　　　　　　　　　　　　　　　　　　　　　　　　いた

2) 先週、仕事を_____。今週はサボらないでがんばります。

3) _____かもしれません。今、とてもつかれています。

4) _____から、今、お金がありません。

5) _____。今度から気をつけようと思います。

Class: _____   Name: _____

18 Listen to the exchanges between a student and his host mother. Then, match the exchanges with the corresponding pictures.

G5,G6

🔊 L14-2

1) _____   2) _____   3) _____   4) _____

a.   b.   c.   d.

まとめの練習 **1** | Comprehensive practice 1 (G1-G6)
れんしゅう

19 You are talking with your roommate Chris during a storm. Complete your casual conversation using the cues provided.

あなた：あ！　電気 1)_____ ！
　　　　　でんき　　　　　"went off"

クリス：え、どうして？

あなた：あ、となりの家の電気も 2)_____ ね。
　　　　　　　　　　　　でんき　　　[current situation]

クリス：うん、じゃ、3)_____ 。
　　　　　　　　　　　"(It) might be a blackout（停電）."
　　　　　　　　　　　　　　　　　ていでん

あなた：うん。えっと、Wi-Fi は 4)_____ ？
　　　　　　　　　　　　　　　　"connect" [current situation]

クリス：Wi-Fi？　ううん、5)_____ よ。

あなた：ちょっと 6)_____ て、何も見えないね。7)_____ よ。
　　　　　　　　　　"too dark"　　　　　　　　　　　　　"(I will) bring a candle."

クリス：ありがとう。

あなた：あっ！　8)_____ 。
　　　　　　　　　"(I) tripped and bumped into the table (to my regret)."

クリス：え？　だいじょうぶ？　9)_____ ？
　　　　　　　　　　　　　　　　　　"Did you get hurt?"

あなた：ううん、だいじょうぶ。

クリス：あ、冷凍庫 (freezer) にアイスクリームが 10)_____ いるよ。
　　　　　れいとうこ　　　　　　　　　　　　　　　　　　"is inside (lit. entering)"

　　　　とける (melts) から、今、食べよう。

文法の練習 ② | Grammar practice 2 (G7-G9)
ぶんぽう　れんしゅう

できるⅢ

★20 Complete the sentences with multiple reasons using 〜し based on the cues provided.

G7 1) the lights turn on + the door locks

この部屋は自動で_____し、_____し、
　へや　じどう

安全です。
あんぜん

2) love children + made good memories

_____し、_____し、

小学校でボランティアをして本当によかったです。

3) overslept + didn't do homework

_____し、_____から、

クラスをサボってしまいました。

4) your own

_____し、_____から、

日本語を勉強しています。

★21 Choose the most appropriate options from [ ] to complete the sentences.

G8 1) おなかがすいたし、つかれているし、今日は早く家に [a. 帰りたい　b. 帰ってほしい] です。

それから、いつも私が料理をしているから、今日は弟に [c. したい　d. してほしい] です。

2) 圭太さんの出身は大阪だから、私は圭太さんに大阪を案内 [a. したい　b. してほしい] です。
　けいた　　しゅっしん　おおさか　　　　けいた　　　　おおさか　あんない

3) 田中さんはいつも突然 (suddenly) うちに来るから、困ります。
　　　　　　　　とつぜん　　　　　　　　　　　こま

来る前に連絡 [a. したい　b. してほしい] です。それから、田中さんに私の家の前に車を
　　　れんらく

[c. 止めたくない　d. 止めないでほしい] です。

4) トムさんは「将来、作家になりたい」と言っています。
　　　　　　しょうらい　さっか

将来、私はトムさんが書いた本を [a. 読んでみたい　b. 読んでみてほしい] です。
しょうらい

そして、たくさんの人に [c. 読みたい　d. 読んでほしい] です。だから、私はトムさんに夢を
　　ゆめ

[e. あきらめたくない　f. あきらめないでほしい] です。

★★★ 22 **G7,G8** Select a person, a character, or a company and write about what you want them to do and what you don't want them to do. (See #3 on p.153 of *TOBIRA II*.)

私は_____に_____です。

_____し、_____からです。

{それから／でも}、_____です。
　[↑Circle one.]

_____からです。

★★ 23 **G9** Make suggestions using ～たらどうですか based on the cues provided as in the example.

漢字が覚えられないんです。
かんじ　おぼ

と　**Ex.** 何度も書いてみる → 何度も書いてみたらどうですか。

1）絵で漢字を覚える → _____
　　　かんじ　おぼ

2）アプリを使う → _____

3）your own　_____

自分の部屋をもっとおしゃれ (trendy) にしたいです。
　　へや

と

4）思い出の写真をかざる → _____
　おも　で　しゃしん

5）かべにポスターをはる → _____

6）机に花を置く → _____
　つくえ　　お

7）your own　_____

★★★ 24 **G9** You are giving your friends suggestions for their concerns. Provide multiple reasons for your suggestions.

1）友達　：毎日つまらないんです。どうしたらいいと思いますか。

あなた：_____。_____し、
　　　　　　　　　[suggestion]

_____し、いいと思いますよ。

2）友達　：明日、初めてのデートなんです。どこに行ったらいいと思いますか。

あなた：_____。_____し、
　　　　　　　　　[suggestion]

_____し、_____。

Lesson
14

25 Listen to the exchanges and choose where they take place from the box.　🔊 **L14-3**

G2-G9

| a. 教室
きょうしつ | b. ホストファミリーの家 | c. ラーメン屋
や | d. 駅
えき | e. 病院
びょういん |

1) _____　　2) _____　　3) _____　　4) _____　　5) _____

まとめの練習 **2** | Comprehensive practice 2 (G7-G9)
れんしゅう

★★★
26 Honda-san would like to ask you for some travel recommendations. Complete the following dialogue using the cues provided and filling in (　) with the appropriate particles.

本田　：あのう、ちょっと 1)_____んですが…
　　　　　　　　　　　　　　　　"(I) would like (you) to tell (lit. teach) me (something)"

あなた：はい、何ですか。

本田　：今度 2)_____に行くんですが、おすすめは何ですか。
　　　　　　　　　[city of your choice]

あなた：そうですね… 〇〇さんはどんなことをするのが好きですか。

本田　：えーと、3)_____。
　　　　　　　　　　　　　　[your answer]

あなた：そうですか。じゃ、4)_____。5)_____し、
　　　　　　　　　　　　　　　　[suggestion]

　　　　6)_____し、7)_____。

本田　：それはおもしろそうですね。

あなた：着いたら、私 8)(　　) 9)_____ください。
　　　　　　　　　　　　　　　　　"contact (me)"

　　　　10)_____ 11)(　　) 12)_____よ。
　　　　　　[city of your choice]　　　　　　　"show (you) around"

本田　：ありがとうございます。楽しみにしています。あのう、13)_____は
　　　　　　　　　　　　　　　　　　　　　　　　　　[city of your choice]

　　　　14)_____と SNS に書いて [いる／ある] んですが、本当ですか。
　　　　　　　"too ..." (Ex. too cold, too big)　　　　　　[↑Circle the correct one.]

あなた：ええ。でも、だいじょうぶですよ。15)_____けれど、16)_____し、
　　　　　　　　　　　　　　　　　　　　[your answer above]

　　　　17)_____から、私は 18)_____が好きです。
　　　　　　　　　　　　　　　　　　　　　　　　　　　　　[city of your choice]

本田　：そうですか。よかったです。

聞く練習 | Listening practice
れんしゅう

1 Listen to sentences 1)-3) and write them down. Use katakana and kanji where applicable.   🔊 L14-4

1) _____

2) _____

3) _____

2 Listen to the conversations between two people. Each conversation will end with a beep, indicating a missing line. Then, listen to statements a, b, and c and circle the most appropriate statement for the missing line.   🔊 L14-5

1) a   b   c   2) a   b   c   3) a   b   c

3 You are listening to a podcast about two cafés. Fill in the table in English based on what you hear and check the most appropriate choices in [   ].   🔊 L14-6

	アルン	ピース
Location	• [☐ easy to find ☐ hard to find]	•
Recommended menu items	• •	• •
Fruits	[☐ on top of ☐ inside ☐ between] pancakes	[☐ on top of ☐ inside ☐ between] bread
Other information		

4 Listen to the conversation between Yamada-san (male) and Kim-san (female). Then, circle the most appropriate choice from each [   ] based on what you hear.   🔊 L14-7

1) Kim often makes mistakes in using words with similar [a. meanings   b. sounds   c. kanji].

2) Kanji is hard for Kim because there are many [a. strokes   b. similar characters   c. different meanings].

3) Yamada suggested that Kim learn kanji by [a. writing them repeatedly   b. reading manga   c. using a kanji book].

4) Yamada also said that it is useful [a. to make a list of kanji   b. to post a list of kanji on the wall

c. to memorize kanji while in the bathroom   d. to study kanji in Kim's own room].

5) Kim asked Yamada [a. to correct her mistakes   b. to lend her a manga   c. to teach her kanji

d. to converse with her in Japanese].

5 Challenge Go to "Challenge Conversation" for further improvement of listening comprehension.
   🔊 L14-8

Lesson 15

ちょっと分かりにくいと思うんですけど…
I think it might be a little difficult to understand...

単語の練習 | Vocabulary practice

1 Provide the Japanese term for each picture.

Ex. 有名な___作品___   1) _____   2) _____   3) _____
さくひん

4) _____   5) _____   6) そうじの_____   7) _____

8) _____   9) イヌの_____   10) _____

---

2 Match the words from the boxes with their corresponding pictures.

| 返事をする   着がえる   そる   とかす |
へんじ   き

| 意見   会議   無理   プレゼン |
いけん   かいぎ   むり

1) 服を
_____

2) ひげを
_____

3) 髪を
かみ
_____

4) メールに
_____

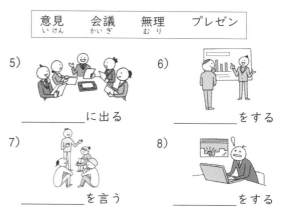

5) _____ に出る

6) _____ をする

7) _____ を言う

8) _____ をする

---

3 Match the words on the left with the verbs on the right that are most commonly paired with them.

1) せんたく物／服／テント •   • 動かす
うご

2) 名前／店の人／救急車 •   • たたむ
きゅうきゅうしゃ

3) 体／家具／車 •   • 呼ぶ
かぐ   よ

4) 物／本当の気持ち／顔 •   • 残す
かお   のこ

5) 会社／大学／病院 •   • 勤める
びょういん   つと

6) 食事／方言／作品 •   • かくす
ほうげん さくひん

60

4 Substitute the underlined verbs and verb phrases with the verbs from the box. Change the verb forms as necessary as in the example.

おごる　　さそう　　動かす　　勤める　　残す　　悩む
うご　　　つと　　　のこ　　なや

Ex. 昼ご飯が多かったから、全部食べなかった。　　　→ _____残した_____
　　　ひる　はん　おお　　　　　　ぜんぶ　　　　　　　　　　　　　のこ

1) 友達に私のお金でコーヒーを買った。　　　　　→ コーヒーを_____

2) クラスメートをホームパーティーに呼んだ。　　→ _____
　　　　　　　　　　　　　　　　　　　よ

3) 昨日、ジムで運動した。　　　　　　　　　　　→ 体を_____

4) 将来について考えているが、答えが分からない。→ _____
　しょうらい　　　かんが　　　こた

5) 姉は IT の会社で働いている。　　　　　　　　→ 会社に_____

5 Fill in __ with the appropriate words from the boxes to complete the sentences. You may use each word only once.

発音　　方言　　環境　　寄付　　停電
はつおん　ほうげん　かんきょう　きふ　ていでん

1) 二日間_____したから、冷蔵庫の中の物がだめになってしまった。
　　　　　　　　　　　　　　　　れいぞうこ

2) _____のために、できるだけリサイクルしている。

3) チャリティーイベントで 2,000 円を_____した。

4) 「分からない」は大阪の_____で「分からへん」と言うそうだ。
　　　　　　　　おおさか

5) 日本語の音と違うから、日本人はたいてい R と L の_____が苦手なようだ。
　　　　　ちが　　　　　　　　　　　　　　　　　　　　　　　　　　　にがて

はずかしい　　うらやましい　　ユニークだ

6) カイさんの家は海のそばにあって、いつでも海に行けるから、_____。

7) 先生の名前を間違えてしまったから、_____。
　　　　　　まちが

8) 彼女のファッションはいつもみんなと違って、_____。
　かのじょ　　　　　　　　　　　　　ちが

助詞の練習│Particle practice
じょし

Fill in ( ) with the appropriate particles. You may use the same particle more than once. Do not use は.

1) カップ（　　）足りないから、持ってきてください。　2) 留学するから、お金（　　）いる。
　　　　　　　た　　　　　　　　　　　　　　　　　　　　　　　りゅうがく

3) 母は病院（　　）勤めている。　　　　　　4) 毎日ペット a.（　　）世話 b.（　　）している。
　　びょういん　　つと　　　　　　　　　　　　　　　　　　　せわ

5) 私は神様（　　）信じている。　　　　　　6) よく体 a.（　　）動かすことは体 b.（　　）いい。
　　　　かみさま　しん

7) 来年も日本語の勉強（　　）続けたい。　　8) 友達 a.（　　）コンサート b.（　　）さそった。
　　　　　　　　　　　　　　つづ

9) 先輩の話を聞いて、勉強（　　）なった。　10) 週末にクラスメート a.（　　）家 b.（　　）呼んだ。
　せんぱい　　　　　　　　　　　　　　　　　　　　　　　　　　　　　　　　　　よ

61

文法の練習 | Grammar practice
ぶんぽう

できるI

★1 Complete the following sentences using the cues provided.

G1,G2 **Ex.1** take friends パーティーに<u>友達を連れていきます</u>。
つ

1）make sushi _____。

2）ride the bus _____。

3）take *takoyaki* tools

たこ焼きの_____。
や

Ex.2 walk 学校に行く時、<u>歩いていきます</u>。
ある

4）stop by the convenience store

_____。

5）buy coffee

コンビニで_____。

Ex.3 send some mail <u>郵便を出してきます</u>。
ゆうびん

6）go by bicycle

スーパーに自転車で_____。

7）buy cat food

スーパーで_____。

Ex.4 make a dessert 家に来る時、<u>デザートを作ってきてください</u>。

8）bake a cake _____。

9）bring ice _____。

★2 Describe some actions you usually do before going out using 〜ていく.

G1 **Ex.** <u>出かける時、天気予報を見ていきます</u>。
よほう

1）出かける時、_____。

2）出かける時、_____。

★★ ③ **G2** You are on a field trip to a shopping district in Japan. Describe what you will do during your 30 minutes of free time using 〜てくる.

Ex. おなかがすいたから、何か食べてきます。

1) _____

2) _____

★★ ④ **G1,G2** Mimi is asking Jean about his plans for the break. Choose the appropriate options from [ ] to complete their conversation.

ミミ 　　：今度の休み、どこかに行く？

ジャン：うん。鎌倉の海に泳ぎに 1) [a. 行ってくる　b. 行っていく]。

ミミ 　　：鎌倉？　いいね。電車で行くの？

ジャン：ううん。友達が車を持ってるから、鎌倉まで友達の車に 2) [a. 乗ってくる　b. 乗っていく]。

ミミ 　　：いいね。鎌倉は 商店街 (shopping street) がおもしろいから、そこも 3) [a. 行ってきたら
　　　　　b. 行っていったら] いいよ。

ジャン：うん、行こうと思ってる。あ、鎌倉で何か 4) [a. 買ってくる　b. 買っていく] よ。
　　　　　お菓子でいい？

ミミ 　　：ほんと？　じゃ、おいしそうなのがあったら、5) [a. 買ってきて　b. 買っていって]
　　　　　くれる？

ジャン：うん、分かった。

⑤ You are visiting a sick classmate.

G3 **Step 1** Offer your help using 〜ましょうか.

★

> 1) bring ice _____ ましょうか。
>
> 2) buy something (and come back) _____。
>
> 3) take to the hospital _____。
>
> 4) your own _____。

★★ **Step 2** Offer three things to help your sick classmate using casual speech.

Ex. だいじょうぶ？　何か作ろうか？

1) _____

2) _____

3) _____

Lesson **15**

★★
6

G3

You are studying abroad in Japan, and your host family is getting ready for their child's birthday party. Look at the picture below and offer your help as in the example.

Possible topics	飲み物　　ケーキ　　プレゼント　　カード　　ごみ　　写真

Ex. お父さん、コップが足りませんね。もっと持ってきましょうか。

1) ＿＿＿＿＿＿＿＿＿＿＿＿＿＿＿＿＿＿＿＿＿＿＿＿＿＿

2) ＿＿＿＿＿＿＿＿＿＿＿＿＿＿＿＿＿＿＿＿＿＿＿＿＿＿

3) ＿＿＿＿＿＿＿＿＿＿＿＿＿＿＿＿＿＿＿＿

7

G1-G3

Listen to the prompts and choose the most appropriate response for each situation.　　🔊 L15-1

1) a　　b　　c　　　　2) a　　b　　c

できるⅡ

★
8

G4

Look at the picture in #2 on p.184 of *TOBIRA II* and state what you would do for the following members of your host family using 〜てあげる as in the example.

Ex. お母さんのいすを直してあげます。

1) おじいさん＿＿＿＿＿＿＿＿＿＿＿＿＿＿＿＿＿＿＿＿＿＿＿＿＿＿＿＿＿。

2) お父さん＿＿＿＿＿＿＿＿＿＿＿＿＿＿＿＿＿＿＿＿＿＿＿＿＿＿＿＿＿＿＿。

3) ひろとくん＿＿＿＿＿＿＿＿＿＿＿＿＿＿＿＿＿＿＿＿＿＿＿＿＿＿＿＿＿。

★★
9

G4

Write about three things you did for someone recently.

1) ＿＿＿＿＿＿＿＿＿＿ {に／の} ＿＿＿＿＿＿＿＿＿＿＿＿＿＿＿＿＿＿＿ てあげました。
　　　　　　　　　　[↑Circle one.]

2) ＿＿＿＿＿＿＿＿＿＿＿＿＿＿＿＿＿＿＿＿＿＿＿＿＿＿＿＿＿＿＿＿＿＿＿。

3) ＿＿＿＿＿＿＿＿＿＿＿＿＿＿＿＿＿＿＿＿＿＿＿＿＿＿＿＿＿＿＿＿＿＿＿。

★
10

G4

Describe what people did for you in the following situations using 〜てくれる and the cues provided.

Ex. 元気がない時、父がはげましてくれました。
　　　　　　　【父／はげます】

1) 落ち込んでいる時、＿＿＿＿＿＿＿＿＿＿＿＿＿＿＿＿＿＿＿＿＿＿＿＿＿。
　　　　　　　　　　　　　【ペットのイヌ／そばにいる】

2) カフェに行った時、＿＿＿＿＿＿＿＿＿＿＿＿＿＿＿＿＿＿＿＿＿＿＿＿＿。
　　　　　　　　　　　　　【友達／コーヒーをおごる】

3) 地震の募金 (fund raising) をした時、＿＿＿＿＿＿＿＿＿＿＿＿＿＿＿＿＿＿＿＿＿＿＿＿＿＿。
　　じしん　ぼきん
　　　　　　　　　　　　　　　　　　【たくさんの人／寄付する】
　　　　　　　　　　　　　　　　　　　　　　　　　きふ

4) 引っこしをした時、＿＿＿＿＿＿＿＿＿＿＿＿＿＿＿＿＿＿＿＿＿＿＿＿＿＿＿＿＿＿＿＿。
　　ひ
　　　　　　　　　　　　　　　　　　【友達／your own】

5) ＿＿＿＿＿＿＿＿＿＿＿＿＿＿＿時、＿＿＿＿＿＿＿＿＿＿＿＿＿＿＿＿＿＿＿＿＿＿＿＿。
　　　　　　　　　　　　　　　　　　【your own／ほめる】

⭐⭐ ⑪ Describe what your friend did for you in the following situations using 〜てもらう and the cues provided.

G4 Ex.
 　　1)  　　2)  　　3)  　　4)

Ex. かぎが見つからなかった時、友達に一緒に探してもらいました。
　　　　　　　　　　　　　　　　　　いっしょ　さが

1) コンピュータがこわれた時、＿＿＿＿＿＿＿＿＿＿＿＿＿＿＿＿＿＿＿＿＿＿＿＿＿＿＿＿。

2) 宿題が分からなかった時、＿＿＿＿＿＿＿＿＿＿＿＿＿＿＿＿＿＿＿＿＿＿＿＿＿＿＿＿。
　　しゅくだい

3) 熱が出て動けなかった時、＿＿＿＿＿＿＿＿＿＿＿＿＿＿＿＿＿＿＿＿＿＿＿＿＿＿＿＿。
　　ねつ

4) 足をけがして歩けなかった時、＿＿＿＿＿＿＿＿＿＿＿＿＿＿＿＿＿＿＿＿＿＿＿＿＿＿。
　　　　　　　　ある

⭐⭐ ⑫ Ai is talking about her experiences in Japan. Choose the most appropriate option from each [ ] to complete the sentences.

G4

1) 留学する時、マークさんにアドバイスして [a. あげました　b. くれました　c. もらいました]。
　　りゅうがく

2) 日本に着いた時、空港にホームステイの家族が迎えに来て [a. あげました
　　　　　　　　　くうこう　　　　　　　　　かぞく　むか

　　b. くれました　c. もらいました]。

3) スーパー銭湯 (deluxe bathhouse & spa) に行った時、お姉さんがお金を払って [a. あげました
　　　　　せんとう　　　　　　　　　　　　　　　　　　　　　　　　　　はら

　　b. くれました　c. もらいました]。

4) おなかが痛くなった時、お母さんが病院に連れていって [a. あげました　b. くれました
　　　　　　　　　　　　　　びょういん　つ

　　c. もらいました]。

5) キムさんと一緒に旅行に行った時、キムさんにたくさん写真をとって [a. あげました
　　　　　　いっしょ　りょこう　　　　　　　　　　　　　　しゃしん

　　b. くれました　c. もらいました]。

6) 私もたくさんキムさんの写真をとって [a. あげました　b. くれました　c. もらいました]。
　　　　　　　　　　　しゃしん

7) 今度、ホームステイの家族に京都の方言を教えて [a. あげよう　b. くれよう　c. もらおう]
　　　　　　　　　　かぞく　きょうと　ほうげん

　　と思っています。

Class: _____   Name: _____

★★ 13 Rewrite the underlined parts appropriately to express your thankfulness or your favor.

G4 ゆうさんは私の日本人会話パートナーです。ゆうさんは私に日本の文化についてよく<u>教えます</u>が、
　　1)

私もゆうさんに私の国のことを<u>教えます</u>。私が元気がない時、ゆうさんはいつも<u>はげまします</u>。
　　　　　　　　　　　　　2)　　　　　　　　　　　　　　　　　　　　　　　　　3)

それから、よくイベントに<u>さそいます</u>。ゆうさんは、いつも私を<u>助けています</u>。
　　　　　　　　　　　　　4)　　　　　　　　　　　　　　　　　　　5)

★ 14 You want to express gratitude for what each of the following people did for you. Complete the sentences using the cues provided as in the example.

G5

Ex. 祖母（そぼ）　　　1) 母　　　　　　2) 友達　　　　　3) 先輩（せんぱい）　4) クラスメート
おいしい物／送る（おく）　ご飯（はん）／持ってくる　そばにいる　食事／おごる　カラオケにさそう

Ex. おばあちゃん、<u>おいしい物を送って（おく）くれて、ありがとう</u>。

1) お母さん、_____。

2) ○○さん、_____。

3) ○○先輩（せんぱい）、_____。

4) ○○さん、_____。

★ 15 Write some thank-you notes using the cues provided as in the examples.

G5 Ex.1 <To a friend> drove me to the station　○○さん、駅（えき）まで送って（おく）くれて、ありがとう。

1) always encourages me

_____

2) bought me dinner

_____

3) made a delicious cake for me

_____

Ex.2 <To a teacher> informed me of a good study abroad program

先生、いい留学（りゅうがく）プログラムを教えてくださって、ありがとうございました。

4) wrote a letter of recommendation for me

_____

5) compliments my pronunciation

_____

6) gave me good information about internships

_____

16 Write thank-you notes to one of your classmates and a teacher to show your gratitude. (See #5 on p.188 of *TOBIRA II*.)

G5

1) クラスメートに   2) 先生に

17 Listen to the conversation between friends and write down four good things that happened to the first speaker. 🔊 L15-2

G4,G5

1) _____

2) _____

3) _____

4) _____

Lesson
15

できるⅢ

18 Complete the sentences using {〜た／〜ない}方がいい and the cues provided as in the example.

G6 **Ex.** 信じる　　できるだけ人を<u>信じた方がいい</u>です。
　　　しん　　　　　　　　　しん

　　　　　　　　でも、誰でも (anyone) <u>信じない方がいい</u>と思います。
　　　　　　　　　　　　だれ　　　　　　　しん

1) ほめる　　　できるだけ人を_____です。

　　　　　　　でも、誰でも_____と思います。
　　　　　　　　　　だれ

2) 悩む　　　　将来について、よく考えて_____です。
　なや　　　　しょうらい

　　　　　　　でも、一人で_____と思います。

3) 寄付する　　寄付はいいことだから、できたら_____です。
　きふ　　　　きふ

　　　　　　　でも、どこにでも (anywhere) _____と思います。

4) 返事をする　メールをもらったら、すぐ_____です。

　　　　　　　でも、変なメールには_____と思います。

5) 残しておく　いい写真は_____です。
　のこ　　　　　しゃしん

　　　　　　　でも、見たくない写真は_____と思います。
　　　　　　　　　　　　　　しゃしん

67

★★
19
G6
Make a strong suggestion for each of the following situations using {〜た／〜ない}方がいい and the appropriate word/phrase from the box. You may use each word/phrase only once.

続ける つづ	意見を言う いけん	動かす うご	あきらめる	見つける み	無理をする むり

1) 日本語を使って何かしたかったら、日本語の勉強を_____。

2) 病気になりたくなかったら、_____。

3) 会議に出たら、できるだけ自分の_____。
かい ぎ

4) 趣味がなかったら、何か_____。
しゅ み

5) 夢は簡単に_____。
ゆめ　かんたん

6) たおれている人は_____。すぐ救急車を呼びましょう。
きゅうきゅうしゃ　よ

★★
20
G6
Give suggestions to students who are starting at your school next year using {〜た／〜ない}方がいい.

Possible topics	いい成績 せいせき	楽しい大学生活 せいかつ	体	将来 しょうらい	環境 かんきょう

Ex. 将来のために、できるだけ色々なことを経験した方がいいです。{でも／それから}、がんば
しょうらい　　　　　　　　　　　　　　　　けいけん
りすぎない方がいいです。

1) _____のために、_____方がいいです。

　{でも／それから}、_____ない方がいいです。
　[↑Circle one.]

2) _____のために、_____。

　{でも／それから}、_____。
　[↑Circle one.]

★
21
G7
Choose the appropriate words and phrases from the box and complete the sentences using both 〜て and 〜ないで for 1)-3) and only 〜ないで for 4)-6). You may use each word or phrase only once.

食べる	えさをやる	かくす	髪をとかす かみ	着がえる き	たたむ	呼ぶ よ

Ex. いつも朝ご飯を食べて学校に行きますが、昨日は食べないで学校に行きました。
あさ　はん

1) いつもペットのネコに_____出かけますが、昨日は_____

　出かけてしまいました。

68

Class: _____ Name: _____

2) いつもパジャマに_____寝ますが、昨日は_____

寝てしまいました。

3) たいていせんたくが終わったら、せんたく物を_____かたづけますが、

時間がない時は_____ソファの上に置いておきます。

4) 朝ねぼうした時、_____学校に行きます。だから、ぼうしがいります。

5) 妹には何でも_____話します。よく話を聞いてくれるからです。

6) ルームメートは名前で私を_____「ルーミーちゃん」と言います。

22 Describe which part of your daily routine you skip or do differently in the following situations using ～ないで.

G7

Ex. SNS のニュースを見た時は全部信じないで、自分で考えたり調べたりします。

1) お金がない時は_____ないで、_____。

2) つかれた時は_____ないで、_____。

3) 停電した時は_____。

4) your own _____時は_____。

23 Write about two eco-friendly practices you do using ～ないで. (See #4 on p.191 of *TOBIRA II*.)

G7 **Ex.** いらない物や服を捨てないで、ネットで売ります。

_____。

それから、_____。

24 Listen to the advice that a 先輩 has for students planning on studying abroad in Japan. Then, mark ○

G6,G7 for all the recommended activities. 🔊 **L15-3**

( ) 情報を集める   ( ) 留学の目的 (purpose) を考える   ( ) クラブに入る

( ) まじめに勉強する   ( ) 旅行する   ( ) 町を見る

( ) 色々な人と話す   ( ) アルバイトをする   ( ) 文化を楽しむ

69

Lesson **15**

Class: _____   Name: _____

25 **G8** Based on the pictures provided, complete the sentences using 〜やすい or 〜にくい.

Ex. a. このペンは書きやすいです。　b. このペンは書きにくいです。

1) a.　　　b.　　　2) a.　　　b.　　　3) a.　　　b.

1) a. このくつ_____。 b. このくつ_____。

2) a. おにぎり_____。 b. 長いすし_____。

3) a. この本_____。 b. この本_____。

26 **G8** Describe your experiences with studying Japanese using words from the box as in the example. Include 〜やすい or/and 〜にくい in each sentence.

| 発音する | 覚える | 忘れる | 間違える | 分かる |
| はつおん | おぼ | わす | まちが | |

Ex. 日本語の長い音は発音しにくいです。よく「こうこう」を「ここ」と言ってしまいます。

1) _____

2) _____

27 **G8** Choose either Q1 or Q2 and express your opinion using the structure indicated with ①-③.

① Your answer to the question　② Two reasons for your answer in one sentence
③ Additional information

Q1: 寮とアパートとどちらの方が住みやすいと思いますか。
りょう

Q2: あなたの学校がある町と出身の町とどちらの方が住みやすいと思いますか。
しゅっしん

① 私は_____と思います。

② _____

_____。

③ {それから／でも}、_____と思います。
[↑Circle one.]

70

Class: _____   Name: _____

まとめの練習 | Comprehensive practice

28 Your classmate Ayumu is going to visit a town you are familiar with and is asking for some travel tips. Complete the dialogue using the cues provided.

あゆむ：今度、〇〇さんがよく知っている 1) _____ に行くんですが、どこに泊まるの
                   [city of your choice]
がいいですか。

あなた：そうですね、2) _____ の近くはどうですか。
                   [place]

    3) _____ からいいですよ。
           "easy to go to various places"

あゆむ：そうですか。分かりました。自由な時間は１日だけなんですが、何をするのがいいですか。

あなた：じゃ、絶対に 4) _____ てきてください。
                   [your suggestion]

    時間がなかったら、5) _____ ないで、_____。
                   [strong suggestion]

あゆむ：分かりました。あのう、6) _____。
              "Is there a restaurant that is easy to enter alone?"

あなた：んー、一人で食べるんだったら、7) _____、
              "instead of going to a restaurant"

    8) _____ がいいかもしれませんね。
          [your thought]

あゆむ：そうですね。考えます。

あなた：あの、あゆむさんの旅行中、あゆむさんのネコはどうしますか。

    よかったら、私が 9) _____。
             "take care of the cat" [offer]

あゆむ：本当ですか。すごく 10) _____。ありがとうございます。
            "(It) would be helpful." (*lit.* (I) would be saved.)

あなた：あ、もう一つアドバイスがあります。

    11) _____ から、12) _____ よ。
        [reason]   "You should not..." [strong suggestion]

あゆむ：13) _____。
        "Thank you for giving (*lit.* teaching) me good information."

聞く練習 | Listening practice

1 Listen to sentences 1)-3) and write them down. Use katakana and kanji where applicable. 🔊**L15-4**

1) _____

2) _____

3) _____

2 Listen to the conversations between two people. Each conversation will end with a beep, indicating a missing line. Then, listen to statements a, b, and c and circle the most appropriate statement for the missing line. 🔊**L15-5**

1) a   b   c   2) a   b   c   3) a   b   c   4) a   b   c

3 Morita-san and Suzuki-san are talking in Suzuki-san's room. Listen to their conversation and answer the questions. 🔊**L15-6**

1) To whom will Suzuki give the following items? Answer in English.

Picture	
Japanese doll	
Sweater	

2) Mark ○ if the statement is true and × if it is false.

a. (   ) Morita helped with Suzuki's housework.

b. (   ) Suzuki will meet Silva at a meeting today.

c. (   ) Silva collects Japanese character goods.

d. (   ) Morita seems to like oversized clothing.

4 Listen to the the "Ask for Advice" segment from a radio program and circle the most appropriate choice for each question based on what you hear. 🔊**L15-7**

1) Which of the following is NOT included in what Momo wants to do?

a. School studies   b. Club activities   c. Study abroad

2) What advice did the MC give Momo first?

a. Set priorities   b. Make schedules   c. Make small goals

3) What other advice did the MC give Momo?

a. Enjoy everything   b. Hang out with friends   c. Give up some activities

5 Challenge Go to "Challenge Conversation" for further improvement of listening comprehension. 🔊**L15-8**

Lesson 16 一日しか会えなくて残念です…
It's too bad we can only meet up for one day...

単語の練習 | Vocabulary practice

1 Create a poster to teach children playground rules by using the words from the box on the right.

だめです！

① 友達を＿＿＿＿＿＿＿

② 友達を＿＿＿＿＿＿＿

③ 友達の足を＿＿＿＿＿＿＿

④ 友達に＿＿＿＿＿＿＿

⑤ 友達を＿＿＿＿＿＿＿

なぐる
ふむ
ばかにする
無視する
うそをつく

2 Match the words on the left with their related words on the right.

1) 家族 • • 蚊

2) におい • • 親せき

3) ぬすむ • • 怒る

4) さす • • どろぼう

5) しかる • • くさい

6) びっくりする • • おどろく

3 Choose the word or phrase from each [　] that does NOT belong to the category shown on the left.

1) 音楽　　　　　　　[a. ライブ　　　b. 曲　　　　c. メートル　　　d. コンサート]

2) 食べ物　　　　　　[a. 味　　　　　b. うで　　　c. におい　　　　d. ごちそうする]

3) お金　　　　　　　[a. 起こす　　　b. 貯める　　c. 出す　　　　　d. むだづかいする]

4) 人　　　　　　　　[a. 画家　　　　b. 天才　　　c. よっぱらい　　d. 目的]

5) 助数詞 (counters)　[a. 前　　　　　b. 台　　　　c. 点　　　　　　d. キロ]

6) 仲良くなれない人　[a. いやな人　　b. 健康な人　c. いじわるな人　d. いじめる人]

4 Choose the appropriate option from each [　] to complete the sentences.

1) 大変でしたね。元気を [a. 出して　b. 貯めて　c. 起こして] ください。

2) 田中さんはよく冗談を [a. する　b. 言う　c. 作る]。時々うそも [d. する　e. つく　f. 作る]。

3) 授業中、できるだけノートを [a. なぐって　b. 取って　c. 急いで] ください。

4) すみません、明日の朝 6 時に私を [a. 急いで　b. 始まって　c. 起こして] くれませんか。

5) ここに色々なお菓子があります。好きなのを [a. 売り切れて　b. 選んで　c. 建てて] ください。

6) 雨の日にかさを使った後は、[a. いじめて　b. さして　c. かわかして] からたたんでください。

7) バスの中で誰かの足を [a. ふんで　b. ふって　c. たのんで] しまいました。

73

5 Fill in __ with the appropriate verbs from the box to complete the verb phrases.

ほんやくする　　かわかす　　貯める　　あう　　たのむ　　出す

1）留学のためにお金を_____　　　2）日本語のアニメを英語に_____

3）事故に_____　　　4）弟に買い物を_____

5）シャワーの後、髪を_____　　　6）お客さんにお茶を_____

6 Match the verbs on the left with their explanations on the right.

1）いじめる　　・　　　・　いらない物にお金を使うこと

2）むだづかいする　　・　　　・　誰かをばかにしたり、無視したりすること

3）ごちそうする　　・　　　・　誰かにおいしい食事を作ったり、おごったりすること

4）建てる　　・　　　・　大好きで、とても大切だと思うこと

5）愛す　　・　　　・　家や建物を作ること

7 Choose the appropriate option from each [　] to complete the sentences.

1）［a.去年　b.今年　c.おととし］の意味は「2年前」です。

2）私は生まれてから［a.まだまだ　b.特に　c.ずっと］東京に住んでいます。

3）私が日本語を勉強している［a.健康　b.理由　c.人生］は日本の車の会社で働きたいからです。

4）このケーキはとても大きいから、今日は［a.1台　b.半分　c.1点］だけ食べます。

5）このジャムの［a.ふた　b.ボタン　c.におい］が開きません。

6）最近、日本の映画に興味があります。［a.特に　b.また　c.今まで］昔の映画に興味があります。

7）日本では、［a.親せき　b.信号　c.新幹線］で色々な［d.目的　e.地方　f.階段］に行った。

助詞の練習 | Particle practice

Fill in (　) with the appropriate particles. You may use the same particle more than once. Do not use は.

1）ハイテクの車（　　）びっくりしました。

2）人 a.（　　）うそ b.（　　）ついてはいけません。

3）誕生日に弟 a.（　　）おいしい和食 b.（　　）ごちそうした。

4）明日から夏休み（　　）始まります。

5）授業中にノート a.（　　）取ってたくさん勉強したから、100点 b.（　　）取ることができた。

6）旅行中、友達 a.（　　）私のイヌの世話 b.（　　）たのみました。

7）好きなバンドのライブに行きたかったけど、チケット（　　）売り切れてしまった。

8）将来、日本の文学 a.（　　）私の国の言葉 b.（　　）ほんやくしたいです。

文法の練習 **1** | Grammar practice 1 (G1-G5)
ぶんぽう

できるⅠ

★ 1 Describe your impressions/experiences from your trip to Japan. Complete the sentences by filling
G1 in __ with the *te*-forms of the appropriate words from the boxes to indicate reasons for your feelings.

乗る　　行ける　　見られる　　足りない　　分からない

1) 初めて新幹線に_____、感動しました。
　　　　しんかんせん　　　　　　　　　　　　かんどう

2) 東京から新幹線で色々な地方に_____、よかったです。
　　　　　しんかんせん　　　ちほう

3) 時々、日本語が_____、困りました。

4) 動物園でパンダが_____、うれしかったです。
　　どうぶつえん

5) もっと色々な所に行きたかったですが、時間が_____、残念でした。
　　　　　　　　　　　　　　　　　　　　　　　　　　　　　　　　　　ざんねん

高い　　きれいだ　　ない　　ユニークだ

6) 駅のトイレが_____、びっくりしました。私の国では汚いです。
　　えき

7) ピザの値段が_____、おどろきました。
　　　　ねだん

8) 沖縄に行くチャンスが_____、残念でした。
　　おきなわ　　　　　　　　　　　　　　　　　　　　　　ざんねん

9) 「ねぶた 祭 」というお祭りが_____、おもしろかったです。
　　　　まつり　　　まつ

★★ 2 Complete the sentences based on the cues provided as in the example. The word or phrase on the
G1 left indicates a reason, and the one on the right specifies an action that cannot be performed.

Ex. 重い／持つ → このかばんは重くて、持てません。
　　おも　　　　　　　　　　　　おも

1) 売り切れる／買う → チケットが_____、_____。

2) 色々ありすぎる／選ぶ → アイスクリームの味が_____、_____。
　　　　　　　　　えら　　　　　　　　　　　　　　あじ

3) 安い／お金を貯める → 給 料 (salary) が_____、_____。
　　　　　　た　　　　きゅうりょう

4) うるさすぎる／住む → このアパートは_____、_____。

5) からい／食べる → このラーメンは_____、_____。

6) いじわる／人にやさしいことを言う

　　→ あの人は_____、_____。

Lesson
16

★★ 3
G1

Describe how you feel about your life right now using two words from the box as in the example. Include a reason for each feeling.

いい 残念だ 困る いやだ 大変だ うれしい 幸せだ 楽しい
ざんねん　　　　　　　　　　　　　　　　　　　　　　　しあわ

Ex. 日本語のクラスでいい友達ができて、よかったです。でも、授業 の後であまり話す時間がな
じゅぎょう
くて、残念です。
ざんねん

_____ て、_____ 。

でも、_____ て、_____ 。

★ 4
G2

Fill in the conjugation rule for the passive form of each verb category. Then, complete the table with the appropriate passive form for each verb.

	Dic. form	Passive form	Dic. form	Passive form	Dic. form	Passive form
Ru-verbs Change ____ to ____.	いじめる		建てる た		ほめる	
U-verbs Change /u/ to ____ and attach ____.	ふむ		起こす お		しかる	
Irregular verbs	する		無視する む　し		来る く	(in hiragana)

★★ 5
G2

You are writing a story in Japanese. Rewrite the sentences below from the perspective of the main character Ann as in the example. Fill in (　) with the appropriate particles.

Ex. クラスメートはアンをいじめました → アンはクラスメートにいじめられました。

1) 先生はアンをほめました → アン（　　）先生（　　）_____ 。

2) トムはアンをばかにしました → アン（　　）トム（　　）_____ 。

3) 家族はアンを愛していました → _____（　　）_____（　　）_____ 。
あい

4) お母さんはアンに「大好き」と言いました

→ _____（　　）_____（　　）_____ 。

5) 友達はアンをライブにさそいました → _____ 。

6) トムはアンのテストをカンニングしました → _____ 。

7) どろぼうはアンの自転車をぬすみました → _____ 。

6 Describe how you were negatively affected by your brother's annoying behaviors using the passive forms based on the cues provided as in the example.

G2

Ex. 弟は(私の)勉強中に歌を歌う
うた　うた

1) 弟は私のお菓子を食べる
か　し

2) 弟は私のジュースを半分飲む

3) 弟は私のスマホをこわす

4) 弟は大きい声で泣く
こえ　な

5) 弟は私にたくさん買い物をたのむ
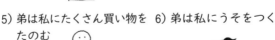

6) 弟は私にうそをつく

7) 弟は私にいやな冗談を言う
じょうだん

Ex. 私は勉強中に弟に歌を歌われました。
うた　うた

1) _____

2) _____

3) _____

4) _____

5) _____

6) _____

7) _____

Lesson
16

7 Choose the most appropriate option from each [　] based on the context to complete the sentences.

G2

1) ルームメートが晩ご飯を［a. 作ってくれて　b. 作られて］、助かりました。
ばん

2) 週末、会社の人［a. が仕事の連絡をしてくれて　b. に仕事の連絡をされて］、いやでした。
れんらく　　　　　　　　　　　れんらく

3) 友達に旅行の写真をたくさん［a. 見せてもらって　b. 見せられて］、楽しかったです。
りょこう　しゃしん

4) 親せきの人にとてもおいしいすしをごちそう［a. してもらって　b. されて］、うれしかったです。
しん

5) よっぱらいに［a. なぐってもらって　b. なぐられて］、こわかったです。

8 Listen to the sentences. Each sentence is followed by a beep, then a question. Circle the correct answers to the questions.

G2

🔊 L16-1

1) a. 私　b. よっぱらい　　2) a. 私　b. よっぱらい　　3) a. 映画の中の人　b. となりの人

4) a. 私　b. 弟　　5) a. 私　b. 弟

★★
⑨ Would you be happy or unhappy in the following situations? Describe your feelings as in the example.

G2 **Ex.** 友達は私にいつもネコの動画を見せる → 友達はいつもネコの動画を見せてくれます。

or 私は友達にいつもネコの動画を見せられて、いやです。

1）友達はいつも私の写真を SNS にアップする
しゃしん

　　→ _____

2）友達はよく私をヘビメタ (heavy metal) のライブにさそう

　　→ _____

3）友達は毎年（私の）誕生日に私を動物園に連れていく
たんじょうび　　　どうぶつえん　つ

　　→ _____

できるⅡ

★
⑩ Describe the only things you do on Sunday using 〜しか〜ない based on the cues provided.

G3 **Ex.** ゲームだけする → ゲームしかしません

1）カップラーメンだけ食べる → _____

2）ネコの動画だけ見る → _____

3）ネコとだけ話す → _____

4）家でだけ食事する → _____

5）コンビニにだけ行く → _____

6）your own _____

★
⑪ Your life has certain limitations recently. Complete the sentences using 〜しか and the potential

G3 forms based on the cues provided as in the example.

Ex. 10 min　毎日、ゲームが<u>１０分しかできません</u>。

1）once　忙しくて、一日に_____食事ができません。
いそが

2）5 points　いつも漢字テストで_____。
かんじ

3）half　時間がなくて、宿題_____。

4）300 meters　健康のためにもっと走りたいけど、いつも_____。
けんこう

5）your own "only sometimes"　お金がなくて、_____。

6）your own　最近、忙しくて、_____。
さいきん　いそが

12 Your past two weeks were very different in terms of your activities, sleep, etc. Compare the two weeks using 〜も and 〜しか based on the cues provided as in the example.

G3

Ex. read 3 books → 1 book　先週は<u>本を３冊も読みましたが</u>、今週は<u>１冊しか読みませんでした</u>。

1）did exercises for 2 hours every day → 30 minutes

先週は_____、今週は_____。

2）slept 10 hours every day → 5 hours

先週は_____、今週は_____。

3）walked 3 km every day → 500 meters

先週は_____、今週は_____。

4）ate 5 apples → only 1

_____。

5）submitted a lot of homework → a little

_____。

13 Complete the exchanges based on the cues provided. Use 〜しか in the answers to express limitation.

G3

1）A：健康のために階段を使っていますか。
　B：本当は毎日使いたいんですが、_____。
　　　　　　　　　　　　　　　　　　　"only sometimes"

2）A：よく旅行しますか。
　B：旅行は好きですが、_____。
　　　　　　　　　　　　　　"only once a year"

3）A：_____という_____を知っていますか。
　　　　[your own]　　　　　　　　[your own]
　B：えっと、_____。
　　　　　　　　"only know the name"

4）A：日本語がしゃべれますか。
　B：_____。
　　　　"only a little"

5）A：毎日_____ますか。
　　　　　[your own]
　B：いいえ、_____。
　　　　　　　"can ... only on weekends"

6）A：_____たことがありますか。
　　　　[your own]
　B：ええ、でも、_____。
　　　　　　　　　"only once"

★ 14 Fill in the table with the *ba*-forms of the given words.

G4

	Affirmative	Negative		Affirmative	Negative
いじめる			くれる		
買う か			しておく		
無視する む し			来る く	(in hiragana)	(in hiragana)

★ 15 Honda-san regrets what happened to him last week. Describe his regret using either 〜ばよかった or 〜なければよかった based on the cues provided.

G4

朝、バスに乗り遅れてしまいました。
あさ

1）もっと急ぐ → _____ばよかったです。
　　　いそ

2）走る → _____。

3）朝ご飯を食べない → _____。
　　あさ

朝ねぼうしてしまいました。
あさ

4）アラームを二つ使う → _____。

5）もっと早く寝る → _____。
　　　　　　ね

6）午前２時までゲームをしない → _____。

キャンプで蚊にたくさんさされてしまいました。
　　　　か

7）薬を持ってくる → _____。

8）your own _____

★★ 16 Express your feeling of regret using 〜ばよかった and 〜なければよかった in the situations below.

G4 1）試験で 20 点しか取れませんでした。_____ばよかったです。
　　　　　　てん　　と

　　それから、_____なければよかったです。

2）今日はとてもつかれています。_____。

　　それから、_____。

3）先生にしかられてしまいました。_____。

　　それから、_____。

17 Listen to the statements. Each statement will end with a beep, indicating a missing line. Circle the most appropriate statement for the missing line. 🔊 **L16-2**

G4

1) a　　b　　c　　　　2) a　　b　　c　　　　3) a　　b　　c　　　　4) a　　b　　c

18 Choose the most appropriate option from each [　] to complete the sentences.

G1,G4 1) 昨日の友達の誕生日パーティーはとても楽しかったから、
たんじょうび

［a. 行って　b. 行けば　c. 行かなければ］よかったです。でも、今日はちょっと二日よいです。

ビールをたくさん［d. 飲んで　e. 飲めば　f. 飲まなければ］よかったです。

2) 先週買ったスニーカーが今週、安くなりました。先週［a. 買って　b. 買えば　c. 買わなければ］

よかったです。今週［d. 買えば　e. 買わなければ　f. 買って］よかったです。でも、とても歩き
ある

やすいから、このスニーカーを［g. 買えば　h. 買わなければ　i. 買って］よかったです。

19 State your plans or intentions using ～つもりです or ～ないつもりです as in the examples.

G5 今学期は…
こんがっき

Ex.1 お金を貯めます。→ お金を貯めるつもりです
た　　　　　　　　た

Ex.2 朝ねぼうしません。→ 朝ねぼうしないつもりです
あさ　　　　　　　　あさ

1) プロジェクトで日本のアニメをほんやくします。

→ ＿＿＿＿＿＿＿＿＿＿＿＿＿＿＿＿＿＿＿＿＿＿＿＿＿＿＿＿＿＿＿＿

2) 友達にいじわるなことを言いません。

→ ＿＿＿＿＿＿＿＿＿＿＿＿＿＿＿＿＿＿＿＿＿＿＿＿＿＿＿＿＿＿＿＿

3) テストでいい点を取ります。→ ＿＿＿＿＿＿＿＿＿＿＿＿＿＿＿＿＿＿＿＿＿＿
てん　と

4) むだづかいしません。→ ＿＿＿＿＿＿＿＿＿＿＿＿＿＿＿＿＿＿＿＿＿＿＿

5) 毎日ゲームを１時間しかしません。→ ＿＿＿＿＿＿＿＿＿＿＿＿＿＿＿＿＿＿

Lesson
16

20 Write your New Year's resolution(s) using both ～つもりです and ～ないつもりです. Include reasons for your resolution(s). (See #2 on p.227 of *TOBIRA II*.)

G5

＿＿＿＿＿＿＿＿＿＿＿＿＿＿＿＿＿＿＿＿＿＿＿＿＿＿＿＿＿＿＿＿＿＿＿＿＿＿＿

＿＿＿＿＿＿＿＿＿＿＿＿＿＿＿＿＿＿＿＿＿＿＿＿＿＿＿＿＿＿＿＿＿＿＿＿＿＿＿

＿＿＿＿＿＿＿＿＿＿＿＿＿＿＿＿＿＿＿＿＿＿＿＿＿＿＿＿＿＿＿＿＿＿＿＿＿＿＿

Class: _____ Name: _____

21 Write about your original plan using 〜つもりでした and how it ended up using 〜しか and the potential form based on the cues provided as in the example.

G3,G5

Ex. do all my homework → only half　週末、<u>宿題を全部するつもりでしたが、半分しかできませんでした。</u>
　　　　　　　　　　　　　　　　　　　　　ぜんぶ　　　　　　　　　　はんぶん

1) score 100 points → only 20 points

　　試験で_____。

2) use the stairs → only 1 day

　　先週、毎日_____。

3) save money → only ... (currency: 円, ドル, ユーロ, 元, ウォン, ペソ, etc.)
　　　　　　　　　　　　　　　　　　　　　　　げん

　　_____。

4) run 3 km → only 500 meters

　　毎朝_____。
　　まいあさ

5) treat my friend to delicious sushi → no money, so only ramen

　　友達の誕生日に_____。
　　　　たんじょうび

6) your own → only a little

　　_____。

まとめの練習 **1** | Comprehensive practice 1 (G1-G5)

22 You are talking with Tanaka-san. Complete the dialogue using the cues provided.

田中　　：どうしたんですか。眠そうですね。
　　　　　　　　　　　　ねむ

あなた：うーん、となりの人がちょっと…

　　　　　いつも 1)_____んです。
　　　　　　　　　　　"plays the guitar late at night (and I'm annoyed)"

　　　　　だから、毎晩 2)_____、3)_____。
　　　　　　　　　まいばん　　"noisy" [reason]　　　　　　"I can sleep only 5 hours."

田中　　：そうですか。それは 4)_____ね。
　　　　　　　　　　　　　　　　"unpleasant"

あなた：ええ、最悪です。ところで、田中さんはジャンというミュージシャンを知っていますか。

田中　　：ジャン？　えっと、5)_____。
　　　　　　　　　　　　　　　"know only (his) name" [Do not use 〜だけ.]

あなた：そうですか。私は大好きで、先月ライブに 6)_____んですが、
　　　　　　　　　　　　　　　　　　　　　　　　　　"planned to go"

Class: _____ Name: _____

7)_____、チケットが 8)_____しまったんです。
       "popular" [reason]   "sold out"

9)_____よかったです。
                [your regret]

田中 ： 10)_____、残念でしたね。
          "(you) couldn't go to (his) live performance" [reason]   ざんねん

11)_____。
           "Please cheer up."

文法の練習 **2** | Grammar practice 2 (G2, G6)
ぶんぽう

できるⅡ

★23 Describe your routines (gray) and Nyanta's actions (pink) using 間 or 間に as in the examples.

G6

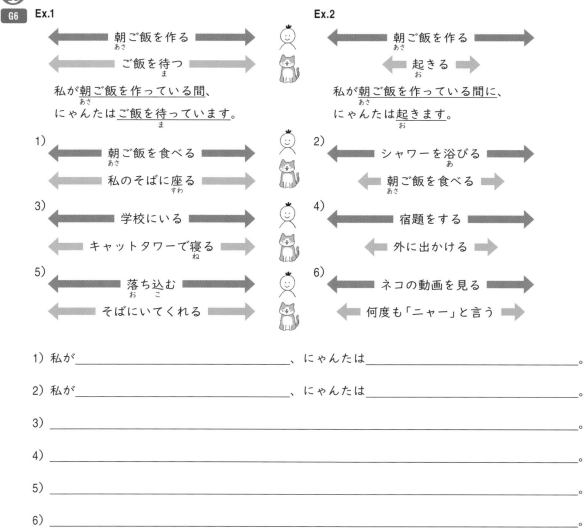

Ex.1
◄―――朝ご飯を作る―――►
  あさ
◄―――ご飯を待つ―――►
  ま
私が朝ご飯を作っている間、
  あさ
にゃんたはご飯を待っています。
      ま

Ex.2
◄―――朝ご飯を作る―――►
  あさ
◄――起きる――►
  お
私が朝ご飯を作っている間に、
  あさ
にゃんたは起きます。
     お

1)
◄―――朝ご飯を食べる―――►
  あさ
◄―――私のそばに座る―――►
      すわ

2)
◄―――シャワーを浴びる―――►
    あ
◄――朝ご飯を食べる――►
   あさ

3)
◄―――学校にいる―――►
◄――キャットタワーで寝る――►
       ね

4)
◄―――宿題をする―――►
◄――外に出かける――►

5)
◄―――落ち込む―――►
  お こ
◄―――そばにいてくれる―――►

6)
◄―――ネコの動画を見る―――►
◄――何度も「ニャー」と言う――►

1）私が_____、にゃんたは_____。

2）私が_____、にゃんたは_____。

3）_____。

4）_____。

5）_____。

6）_____。

Lesson 16

㉔ Choose the appropriate option from each [ ] to complete the sentences.

G6 1) 大学生の［a. 間　b. 間に］、日本に 留 学 してみたいです。
りゅうがく

2) 日本を旅行している［a. 間　b. 間に］、毎晩、旅館に泊まるつもりです。
りょこう　　　　　　　　　　　　　　　　　まいばん　りょかん　と

3) 寝ている［a. 間　b. 間に］、どろぼうに入られてしまいました。
ね

4) 川でつりをしている［a. 間　b. 間に］、蚊にうでをさされてしまいました。
か

5) 新幹線に［a. 乗った　b. 乗っている　c. 乗っていた］間、ずっときれいな景色を楽しめました。
しんかんせん　　　　　　　　　　　　　　　　　　　　　　　　　　　　けしき

㉕ State your plans for your study abroad in Tokyo based on the cues provided. Use 間 or 間に and 〜つもりです as in the example.

G6
Ex. 東京にいる／できるだけ日本語を勉強する

　東京にいる間、できるだけ日本語を勉強するつもりです。

1) 日本にいる／おいしいラーメン屋を見つける

_____

2) 日本で勉強する／友達をたくさん作る

_____

3) 東京に住む／好きなバンドのライブに行く

_____

4) 日本の大学で勉強する／日本語しか話さない

_____

5) 休み／your own

_____

できるⅢ

㉖ Describe some historical works and current trends using the passive forms of verbs. For 1)-4), use the appropriate verbs from the box to complete the sentences. For 5)-7), fill in __ using the cues provided.

G2

書く　　作る　　建てる　　発見する　　描く
た　　はっけん　　か

【historical works】**Ex.1** 『モナ・リザ』はダ・ヴィンチによって描かれました。
か

1) DNA はワトソンとクリックという科学者_____。
かがくしゃ

2)『エマ』はジェイン・オースティン_____。

3)『生きる』という映画は黒澤 明_____。
くろさわあきら

84

4）ピラミッドはクフ王 (King Khufu) _____。
　　　　　　　　　　　　　おう

【current trends】**Ex.2** この地図のアプリは世界中で<u>使われています</u>。
　　　　　　　　　　　　ち ず

5）英語は世界中で_____。

6）『_____』は色々な言葉に_____。
　　　[a book title of your choice]　　　　　　　 ことば　　　　　　　"is translated (*lit.* is being translated)"

7）「_____」というキャラ (character) は世界中で_____。
　　　　　　　　　　　　　　　　　　　　　　　　　　　　　　　　　　　　"is loved (*lit.* is being loved)"

27 Listen to each statement and choose the place from the box where you would most likely hear it.

G2　ゾウ：elephant　　　　　　　　　　　　　　　　　　　　　　　　　　　　　　🔊 **L16-3**

| a. 美術館 | b. 図書館 | c. 動物園 |
| びじゅつかん | | どうぶつえん |

1) _____　　　2) _____　　　3) _____

まとめの練習 2 | Comprehensive practice 2 (G2, G5, G6)

Lesson **16**

28 Complete your dialogue with Tanaka-san about the upcoming break using the cues provided.

あなた：もうすぐ休みが始まりますね。休み中に何かしますか。

田中　：1)_____です。
　　　　　　　　　　　　"I am going to (a place/city of your choice)." [plan]

あなた：そうですか、2)_____、
　　　　　　　　　　　　　　"while you are in (the place above)"

　　　　何をしますか。

田中　：3)_____たり、4)_____たり 5)_____です。
　　　　　　　　　　　　　　　　　　　　　　　　　　　　　　　　　　　[plan]

　　　　○○さんの休みの予定は？
　　　　　　　　　　　 よ てい

あなた：実は 6)_____が、
　　　　 じっ　　　　　　　　　[your original plan]

　　　　7)_____、8)_____んです。
　　　　　　　　[reason]　　　　　　　　　　　　　　"cannot ..."

　　　　だから、9)_____。
　　　　　　　　　　　　"during the break, I plan to ..."

田中　：そうですか。

Class: _____   Name: _____

29 Prepare a script for a presentation at a Japanese elementary school about a famous building or an object in the country or city you are familiar with. Include details such as its creator and the year it was made.

みなさんは_____を知っていますか。_____は、_____

_____

_____

聞く練習 | Listening practice

1 Listen to statements 1)-3) and write them down. Use katakana and kanji where applicable. L16-4

1) _____

2) _____

3) _____

2 Listen to the conversations between classmates. Each conversation will end with a beep, indicating a missing line. Then, listen to statements a, b, and c and circle the most appropriate statement for the missing line. L16-5

1) a   b   c   2) a   b   c   3) a   b   c

3 Two people are being interviewed on New Year's Day. Listen to their interviews and summarize what you hear in the table below. L16-6

今年の抱負：New Year's resolution
ほうふ

	First interviewee	Second interviewee
New Year's resolution		
Reason(s)		
Examples		

4 Listen to the conversation between Tom (male) and Tanaka-san (female) and mark ○ if the statement is true and × if it is false. L16-7

1) (   ) Tom did not know Haruki Murakami at all.

2) (   ) The books *1Q84* and *Drive My Car* were translated only into English.

3) (   ) There are many short stories written by Murakami.

4) (   ) Tanaka suggested Tom watch the movie *Drive My Car* after reading the original novel.

5) (   ) Tom has never read translated Japanese literature before.

5 **Challenge** Go to "Challenge Conversation" for further improvement of listening comprehension. L16-8

Lesson 17

お店を手伝わせていただけませんか。
てつだ
Won't you let me help out around the shop?

単語の練習 | Vocabulary practice
たんご

1 Fill in __ with the opposite words from the box.

亡くなる	眠る	厳しい	正しい	西	南
な	ねむ	きび	ただ	にし	みなみ

1) やさしい ⇔ _____

2) 間違い ⇔ _____
   まちが

3) 生きる ⇔ _____
   い

4) 起きる ⇔ _____

5) 北 ⇔ _____
   きた

6) 東 ⇔ _____
   ひがし

2 Fill in __ with the appropriate verbs from the box to complete the phrases.

学ぶ	する	立つ	出る	届く	行く	知らせる	なる
まな		た	て	とど	い	し	

1) お参りに_____
   まい

2) 誰かの役に_____
   だれ　　やく

3) お世話に_____
   せわ

4) くしゃみが_____

5) うちに荷物が_____

6) お客様にあいさつを_____
   きゃくさま

7) 友達に宿題のしめ切りを_____

8) 日本語の表現を_____
   ひょうげん

Lesson 17

3 Match the words and phrases from the box with their corresponding pictures.

a. 北口	b. 南口	c. 東口	d. 西口	e. 観光客	f. 日本食
きたぐち	みなみぐち	ひがしぐち	にしぐち	かんこうきゃく	にほんしょく

g. あいさつ（を）する　　h. ボタンを押す　　i. お礼を言う
　　　　　　　　　　　　　　　　お　　　　　　　　れい　い

j. お祈りをする　　k. くしゃみが出る　　l. 花が届く
　いの　　　　　　　　　　　　て　　　　はな　とど

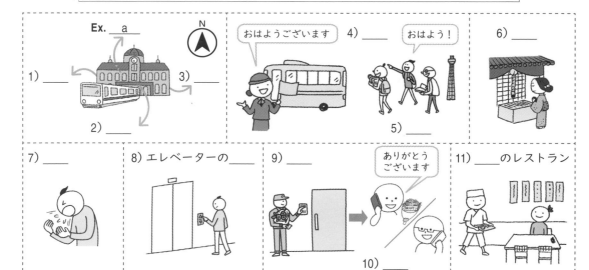

Ex. __a__

1) ___

2) ___

3) ___

おはようございます　4) ___　おはよう！

6) ___

5) ___

7) ___

8) エレベーターの___

9) ___

ありがとうございます

10) ___

11) ___のレストラン

87

Class: _____ Name: _____

4 Match the words from the box with their corresponding explanations.

a. おもてなし	b. 学長	c. 天国	d. じゅく	e. ゆかた	f. 人間	g. 季節	h. 教授
	がくちょう	てんごく			にんげん	きせつ	きょうじゅ

1) 夏に着る綿 (cotton) の着物　　　　　（　　）
2) 学校の他に勉強に行く所　　（　　）
3) いい人が死んだ後に行くと信じられている所 （　　）
4) 大学の一番上の人　　　　（　　）
5) 「人」と同じ意味　　　　　　　　（　　）
6) 大学の先生　　　　　　　（　　）
7) お客様がいい気分になることをすること　（　　）
8) 春や夏のこと　　　　　　（　　）

5 Fill in __ with the appropriate verbs from the box to complete the sentences.

話し合う	お祈りする	訳す	切る	伝える	近づく
はな あ	いの	やく	き	つた	ちか

1) 自然の中で、人間が急に動物に＿＿＿＿＿＿＿＿のは危ない。

2) ネコのつめを＿＿＿＿＿＿＿のは大変だ。

3) 毎年、お正月に家族と神社にお参りに行って、みんなの健康を＿＿＿＿＿＿＿＿。

4) 日本語を英語に＿＿＿＿＿＿＿アルバイトをしている。

5) その会議では7つの国の大統領や首相が平和について＿＿＿＿＿＿＿＿そうだ。

6) この表現で、私の言いたいことを＿＿＿＿＿＿＿ことができる。

助詞の練習 | Particle practice

Fill in ( ) with the appropriate particles. You may use the same particle more than once. Do not use は.

1) この道具は料理の材料を混ぜるのに役（　　）立ちます。

2) 神社でお参りする時は、たいてい手（　　）二回たたきます。

3) すみませんが、部長 a.（　　）この書類 b.（　　）届けてくださいませんか。

4) 毎日忙しかったけれど、日本では楽しい留学生活（　　）送ることができた。

5) お世話 a.（　　）なったホストファミリー b.（　　）お礼 c.（　　）言う時、泣いてしまった。

6) ここには色々な花 a.（　　）咲いています。時々めずらしい花 b.（　　）見つかるそうですよ。

7) 先生のうわさ（　　）していたら、突然先生が教室に入ってきて、びっくりした。

8) 両親 a.（　　）来週、家に帰ること b.（　　）知らせた。

88

文法の練習 **1** | Grammar practice 1 (G1-G3)
ぶんぽう

できるⅠ

1 Choose the most appropriate option from each [　] to complete the sentences.

G1 1) 日本の春は 桜 が［a. きれい　b. きれいだ　c. きれいな］ので、外国人の観光 客 がたくさん来ます。
　　　　　はる　さくら　　　　　　　　　　　　　　　　　　　　　　　　　　かんこうきゃく

2) 日本の夏はとても［a. 暑い　b. 暑いな　c. 暑くて］ので、他の季節に行った方がいいですよ。
　　　なつ　　　　　　あつ　　　あつ　　　あつ　　　　　ほか　きせつ

3) 作文のしめ切りが［a. 近づいた　b. 近づいたな］ので、今週中に書かなくてはいけません。
　　　　　　　　　　　ちか　　　　ちか

4) 教 授にとてもお世話に［a. なる　b. なった　c. なって］ので、手紙でお礼の気持ちを伝えました。
　きょうじゅ　　　　せ わ　　　　　　　　　　　　　　　てがみ　れい　　　　　　　つた

5) 調べたけれど、正しい答えが［a. 見つからないな　b. 見つからない］ので、先生に聞いてみます。
　　　　　　　　ただ　こた

2 Fill in ___ with the correct word forms using 〜ので. Then, connect each ので clause on the left with the appropriate main clause on the right to form a logical sentence as in the example.
G1

Ex. 大雨です

→ 今日は____大雨なので____、　　　　　　　　・　　　　・ アパートに引っこしをしました。
　　　　　　　　　　　　　　　　　　　　　　　　　　　　　　　ひ

1) 大雪でした

→ 昨日は_____、　　　・　　　　・ 家でゆっくりしようと思います。

2) 厳しすぎました
　きび

→ 寮 のルールが_____、・　　　・ ここを押して、お茶をいれてください。
　りょう　　　　　　　　　　　　　　　　　　　　　　　　お

3) 正しくなかったです
　ただ

→ 覚え方が_____、　　　・　　　・ 出かけないつもりです。
　おぼ

4) これです

→ お湯が出るボタンは_____、・　　　・ 漢字を間違えてしまいました。
　ゆ　　　　　　　　　　　　　　　　　　　　　　　　　　まちが

5) 休みです

→ 今日は_____、　　　　　　・　　　・ 新幹線が止まりました。
　　　　　　　　　　　　　　　　　　　　　　　　しんかんせん

Lesson 17

3 Fill in each ___ with the most appropriate verb or verb phrase from the box using 〜ので to complete the sentences. Pay attention to the tense in the ので clause.
G1

| お世話になります　　たたきます　　興 味があります　　間違えます　　役に立ちません |
| せわ　　　　　　　　　　　　きょうみ　　　　　まちが　　　やく |

1) 友達が突然私の肩を_____ので、おどろきました。
　　　　とつぜん　かた

2) 教えることに_____、専攻は 教 育にするつもりです。
　　　　　　　　　　　　　　　　　　　　　　せんこう　きょういく

3) ホストファミリーに_____、日本語でお礼を言いました。
　　　　　　　　　　　　　　　　　　　　　　　　れい

4) よくあいさつのし方を_____、正しい言い方が知りたいです。
　　　　　　　　　　　　　　　　　　　　　　　　ただ

5) このアプリは_____、インストールしない方がいいですよ。

89

Class: _____   Name: _____

4 Complete your request and response in the following situations with a reason.

G1 1) あなた：あのう、店長 (store manager)、すみませんが、明日、アルバイトを休んでもいいでしょうか。

実は、_____ ので、_____ んです。

店長 ：そうですか。分かりました。あさって (the day after tomorrow) は来てくださいね。

2) 先輩 ：今晩、大学のホールで日本の首相 のスピーチがあるんだけど、一緒に聞きに行かない？

あなた：え、すごいですね。でも、_____ ので、

_____。すみません。

5 Fill in the conjugation rule for the causative form of each verb category. Then, complete the table with the appropriate causative form for each verb.

G2

	Dic. form	Causative form	Dic. form	Causative form	Dic. form	Causative form
Ru-verbs Change ___ to ___.	続ける		やめる		閉める	
U-verbs Change /u/ to ___ and attach ___.	洗う		待つ		作る	
	遊ぶ		出す		持っていく	
Irregular verbs	する		持ってくる		来る	(in hiragana)

6 You created a robot who provides services at your restaurant. Fill in __ with the causative forms of the appropriate verbs from the box to complete the sentences.

G2

運ぶ　　あいさつする　　お礼を言う　　届ける

1) お客様が店に来たら、私はロボットに「いらっしゃいませ」と_____。

2) 私はロボットにテーブルに料理を_____。

3) デリバリー (delivery) を注文した人の家に食べ物を_____。

4) お客様が店を出る時に、私はロボットに「ありがとうございました」と_____。

7 Answer the following question with your own thoughts.

G2 Q：もし自分と同じ顔のアンドロイドがいたら、どんなことをさせたいですか。

A：まず、_____たいです。

それから、_____つもりです。

そして、_____と思います。

[Use the volitional form.]

90

Class: _____   Name: _____

Look back on your childhood. (See #4 and #5 on pp.261-262 of *TOBIRA II*.)

G2 ① Write about your childhood experiences. Fill in __ with a word from the box and __ using "V-*te* (causative) くれる／もらう."

| Possible topics | 親　　先生　　コーチ (coach)　　友達　　your own |

1) _____は私に_____。

　　でも、_____。

2) 私は_____に_____。

　　でも、_____。

② Based on your childhood experiences, complete the following question and answer. Circle a word in each { } and fill in __ using "V-*te* (causative) あげる."

Q：あなたが{親／先生／コーチ}になったら、{子ども／学生／選手}に何をさせてあげたいですか。
　　　　　　　　　　　　　　　　　　　　　　せんしゅ

A：私が_____。

9

You got a job at a Japanese company and are very motivated to work. Make polite requests using "V-*te* (causative) くださいませんか／いただけませんか" based on the cues provided as in the example.

G2

Ex. carry packages

1) make copies of this paperwork

2) translate this Japanese document into English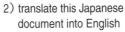

3) go on a business trip with 先輩
せんぱい

4) greet the customer

5) look up data

6) deliver catalogs to the customers

7) make slides (スライド)

Ex. 私に荷物を運ばせてくださいませんか。

1) 私に_____いただけませんか。

2) _____。

3) _____。

4) _____。

5) _____。

6) _____。

7) _____。

Class: _____ Name: _____

10 Listen to the exchanges and choose the correct request you hear in each situation from [　]. 🔊 L17-1

G2 1) ＜会社で＞［ a. Taking headache medicine　b. Taking a day off tomorrow　c. Leaving the office early ］

2) ＜駐車場 (parking lot) で＞［ a. Letting her drive the car　b. Giving her a ride　c. Showing her the inside of the car ］
　　ちゅうしゃじょう

3) ＜カラオケで＞［ a. Singing a song together　b. Letting her play the harmonica　c. Letting her choose a song ］

できるⅡ

11 Your friends asked you questions in Japanese class, but unfortunately you don't know the answers. Complete the sentences using ～か（どうか）as in the example.

G3

Ex. Q：今の日本の首相は誰ですか。　　A：誰か知りません。
　　　　　　　しゅしょう　だれ　　　　　　　　　　だれ

1) Q：この宿題を出しましたか。　　A：＿＿＿＿＿＿＿＿＿＿＿＿忘れました。

2) Q：このアプリは何の役に立ちますか。　A：＿＿＿＿＿＿＿＿＿分かりません。
　　　　　　　　　　や く

3) Q：先学期の日本語の試験は簡単でしたか。　A：＿＿＿＿＿＿＿よく覚えていません。
　　　せんがっき　　　　　　　　かんたん　　　　　　　　　　　　　　　　　おぼ

4) Q：みんなは誰のうわさをしていますか。　A：＿＿＿＿＿＿＿＿知りません。
　　　　　　だれ

12 Listen to the questions about each picture and answer them as in the example. 🔊 L17-2

G3　**Ex.** 人間かどうか分かりません。
　　　にんげん

1) ＿＿＿＿＿＿＿＿＿＿＿＿＿＿＿＿＿分かりません。

2) ＿＿＿＿＿＿＿＿＿＿＿＿＿＿＿＿＿分かりません。

3) ＿＿＿＿＿＿＿＿＿＿＿＿＿＿＿＿＿分かりません。

写真：JST ERATO 石黒共生ヒューマ
ンロボットインタラクションプロジェクト

- -

4) ＿＿＿＿＿＿＿＿＿＿＿＿＿＿＿＿＿知りません。

5) ＿＿＿＿＿＿＿＿＿＿＿＿＿＿＿＿＿知りません。

6) ＿＿＿＿＿＿＿＿＿＿＿＿＿＿＿＿＿知りません。

7) ＿＿＿＿＿＿＿＿＿＿＿＿＿＿＿＿＿知りません。

13 Suppose you are meeting a famous prophet. Complete the sentences concerning what you want to know about the world 100 years from now as in the example.

G3

Ex. 人間が月 (moon) に住めるかどうか知りたいです。
　　　にんげん　つき

1) ＿＿＿＿＿＿＿＿＿＿＿＿＿＿＿＿＿＿＿教えてほしいです。

2) ＿＿＿＿＿＿＿＿＿＿＿＿＿＿＿＿＿＿＿＿＿。

3) ＿＿＿＿＿＿＿＿＿＿＿＿＿＿＿＿＿＿＿＿＿。

まとめの練習 **1** | Comprehensive practice 1 (G1-G3)

★★★
⑭ You are working as a teaching assistant at a high school in Japan. Complete the dialogue with Sato-
sensee using the cues provided.

あなた：佐藤先生、ちょっとお願い 1)_____…
　　　　　さとう　　　　　　　　　ねが

先生　　：はい、何ですか。

あなた：2)_____、
　　　　　　　　　　　　"(I) wrote an article about high school education in my country" [reason]

　　　　　日本語が 3)_____ ［チェックして／チェックさせて］くださいませんか。
　　　　　　　　　　　　　"correct or not"　　　　　[↑ Circle the correct one.]

先生　　：ええ、いいですよ。今週中に見ておきますね。

あなた：どうもありがとうございます。それから、ちょっと相談したいことがあるんですが。
　　　　　　　　　　　　　　　　　　　　　　　　　　　　　　　　そうだん

先生　　：はい、何ですか。

あなた：今、あまり 4)_____、
　　　　　　　　　　　　"(I) don't have many chances（チャンス）to speak Japanese" [reason]

　　　　　5)_____。
　　　　　　　　"lit. let (me) do a job for which (I) can use Japanese a lot" [polite request]

先生　　：そうですね…　じゃ、6)_____授業が
　　　　　　　　　　　　　　　　　　"lit. (the class) that makes the students think about peace"　　じゅぎょう

　　　　　あるので、○○さん、そのクラスを教えてみますか。

あなた：本当ですか？　はい、ぜひ私に 7)_____ください。

先生　　：分かりました。ところで、私は今 8)_____
　　　　　　　　　　　　　　　　　　　　　　　　　　　"(I'm) researching Japanese language education

　　　　　_____んですが、○○さんが卒業した高校には、日本語のクラスがあり
　　　　　throughout the world"　　　　　　　　　　　　　そつぎょう

　　　　　ましたか。

あなた：私が高校生だった時はありましたが、今 9)_____

　　　　　分かりません。ちょっと調べてみます。

先生　　：そうですか。すみませんが、お願いします。
　　　　　　　　　　　　　　　　　　　　ねが

Lesson
17

文法の練習 ❷ | Grammar practice 2 (G4-G7)

★ 15 Choose the most appropriate option from each [ ] to complete the sentences.

G4 1）落ち込んでいる時に［a. 運動すると　b. 運動したと］、気持ちが明るくなります。

2）日本では、耳が［a. 大きいだと　b. 大きいと］、お金持ちになれると言われています。

3）世界が［a. 平和なと　b. 平和と　c. 平和だと］、人々は 幸 せな生活が送れます。

4）お金がないと、日本に［a. 行きません　b. 行けません　c. 行かないつもりです］。

5）［a. 大雪と　b. 大雪だと　c. 大雪だったと］、たいていバスが遅れます。

★★ 16 Describe your ideal smart house using the cues provided. For 1)-3), use the appropriate forms of the given verbs before 〜と. For 4) and 5), provide your own sentences.

G4

Ex. 夜になります → 夜になると、自動で部屋が明るくなります。

1）トイレに近づきます → _____ と、_____。

2）手をたたきます → _____ と、_____。

3）人が動きません → _____ と、_____。

4）your own _____ と、AI スピーカーが天気を知らせてくれます。

5）your own _____。

★★ 17 Share two superstitions you know as in the example.

G4 **Ex.** 日本では、食べてからすぐに寝ると牛になると言われています。

1）_____では、_____ と_____ と言われています。

2）_____では、_____ と_____ と言われています。

★★★ 18 Write about a custom of your city or country using 〜と. (See #2 on p.266 of *TOBIRA II*.)

G4 **Ex.** 日本では 桜 が咲くと、花見をします。 桜 の木の下でお弁当を食べたり、お酒を飲んだりします。

_____

_____

_____

Class: _____　Name: _____

できるⅢ

★19 Choose the most appropriate option from each [　] to complete the sentences.

G5 1）花が好きなので、庭にバラを植えました。きれいに咲くと［a. いいですね。

　　b. いいんですが…　c. いいんですね。］

2）A：日本から友達が来るので、色々な所に連れていってあげようと思っています。

　　B：そうですか。友達が楽しんでくれると［a. いいですね。　b. いいんですが…　c. いいんですね。］

3）A：週末、海でボランティア活動をするんだ。

　　B：へえ、そう。いい天気だと［a. いいね　b. いいよ　c. いいんだね］。

　　A：うん、雨が降らないと［a. いいね。　b. いいんだけど…　c. いいかなぁ。］

★★20 Express your wish for your friends in response to what they said.

G5 1）田中　　：花粉 (pollen) のアレルギーでくしゃみが出て、頭が痛いんです。

　　あなた：大変ですね。早く花粉の季節_____いいですね。

2）スミス：もうすぐ卒業して、日本の会社に就職します。

　　あなた：おめでとうございます。_____。

3）ワン　　：明日から旅行に行くんですが、大雪になったら、飛行機がキャンセルになるかもしれ

　　　　　　ません。

　　あなた：_____。

★★21 You are going to do a homestay in Japan. Complete the conversation with Suzuki-san based on your own information.

G5 あなた：夏休みに日本でホームステイするつもりです。

鈴木　：そうですか。1)_____といいですね。

あなた：はい。そう思います。それから、2)_____といいんですが…

鈴木　：ホームステイしている間に、勉強の他に何かしてみたいことがありますか。

あなた：うーん、できれば 3)_____といいんですが…

　　　　でも、忙しいから…　せめて (at least) 4)_____てみたいです。

Lesson **17**

95

22 Choose the most appropriate option from each [ ] to complete the sentences about the *TOBIRA* characters.

G6

1) マークさんは［a. 環境 の　b. 環境 だ　c. 環境 だった］ために、木を植えるボランティア活動
   かんきょう　　　かんきょう　　　かんきょう　　　　　　　　　　　　　　　う　　　　　　　　　　　　かつどう
   をしています。

2) アイさんは日本の美術 を［a. 勉強の　b. 勉強する　c. 勉強するの］ために、京都 に留学し
   びじゅつ　　　　　　　　　　　　　　　　　　　　　　　　　きょうと　りゅうがく
   ました。

3) リーマンさんは子どもの時、数学オリンピックに［a. 出る　b. 出るの　c. 出た］ために、数学
   すうがく　　　　　　　　　　　　　　　　　　　　　　　　　　　　　　　　　すうがく
   の勉強をがんばったそうです。

4) タオさんは［a. 病院に行かない　b. 健康の　c. 体にいい］ために、たくさん野菜を食べて、
   びょういん　　　　　けんこう　　　　　　　　　　　　　　　　やさい
   毎日ジョギングをしています。

5) 圭太さんはゴーブル大学に［a. 留学する　b. 留学した　c. 留学したい］ために、日本で英語
   けいた　　　　　　　　　りゅうがく　　　りゅうがく　　　りゅうがく
   のじゅくに行ったと言っていました。

6) ジャンさんはギターを上手に［a. ひける　b. ひく　c. ひけた］ために、高校の時、毎日練習した
   そうです。

23 Describe your classmates' actions and purposes behind them using 〜ために. Choose the appropriate words from the box to fill in __.

G6

| 学びます | 環境 | 守ります | 眠ります | 生活を送ります |
| まな | かんきょう | まも | ねむ | せいかつ　おく |

1) メイさんは健康な_____ために、体にいい食べ物を食べています。
   けんこう

2) チョイさんは毎晩よく_____、寝る前にゲームをしません。
   ね

3) スミスさんはしめ切りを_____、授業 の後ですぐに宿題をします。
   じゅぎょう

4) リーさんは_____、できるだけ色々なものをリサイクルしています。

5) キムさんは平和について_____、政治を専攻するつもりです。
   へいわ　　　　　　　　　　　　　　　　　　　　　　　　　　　　　せいじ　せんこう

24 Listen to the questions and answer them based on your own information using 〜ために. 🔊 L17-3

G6

1) _____、_____。

2) _____、_____。

3) _____、_____。

Class: _____ Name: _____

25 Choose the appropriate options from [ ] to complete the sentences about your internship in Japan.

G7 1）朝、8時30分［a. まで　b. までに］会社に行きます。

2）仕事が始まってから終わる［a. まで　b. までに］日本語しか話しません。

3）会議ではいいアイデアが出る［a. まで　b. までに］何時間も話し合います。

4）会議が終わったら、次の日［a. まで　b. までに］会議の議事録 (minutes) を英語に訳します。

5）部長が出張から帰ってくる［a. まで　b. までに］この書類を英語に訳さなくてはいけません。

26 Write about your life plan using the prompts provided. (See #3 on p.271 of *TOBIRA II*.)

G7 まず、_____。

そのために、_____。

次に、_____ために、_____。

それから、_____。

まとめの練習 ② | Comprehensive practice 2 (G4-G7)

27 Complete the casual dialogue between you and Kawada-san using the cues provided. (See Review on p.272 of *TOBIRA II*.)

Lesson 17

川田　：〇〇さん、クラウドファンディング、始めたって聞いたけど、本当？

あなた：うん、1)_____ために、お金を集めているんだ。
　　　　　　　[your purpose]

川田　：へえ、すごいね。あのう、僕も何か 2)_____ くれない？
　　　　　　　　　　　　　　　　　　"let (me) help (you with something)"

あなた：ほんと？　サイトのデザインをしたいんだけど、3)_____ んだ。
　　　　　　　　　　　　　　　　　"lit. a person who can do (it) hasn't been found"

　　　　川田さんはコンピュータが得意だし、4)_____、すごく助かる！
　　　　　　　　　　　　　　　　[Use ～てくれる and ～と.]

　　　　日曜日にミーティングをするから、5)_____
　　　　　　　　　　　　　　　"whether (you) can participate in (it) or not"

　　　　6)_____ ?
　　　　　"notify (me) by Saturday evening" [Use ～てくれる.]

川田　：うん、分かった。7)_____ いいね。
　　　　　[Expresses a wish for you/your crowdfunding]

あなた：うん、8)_____ いいんだけど…
　　　　　[your wish]

97

聞く練習 | Listening practice

1 Listen to statements 1)-3) and write them down. Use katakana and kanji where applicable. 🔊 **L17-4**

1) _____

2) _____

3) _____

2 Listen to the conversations between Kim-san (female) and Tanaka-san (male). Each conversation will end with a beep, indicating a missing line. Then, listen to statements a, b, and c and circle the most appropriate statement for the missing line. 🔊 **L17-5**

1) a   b   c   2) a   b   c   3) a   b   c   4) a   b   c

3 Listen to the conversation between Wang-san (male) and May-san (female). Mark ○ if the statement is true and ✕ if it is false. (See Reading #2 on p.274 of *TOBIRA II* for reference.) 🔊 **L17-6**

皮肉な：ironical
ひにく

1) (　　　) Wang has already read the short story in Lesson 17 of *TOBIRA II*, but May has not read it yet.

2) (　　　) May thinks the cause of Prof. Suzuki's death was his excessively convenient life assisted by his robot.

3) (　　　) According to Wang, Prof. Suzuki's story makes readers think about the pros and cons of making life more convenient.

4) (　　　) Wang wants to be in the robot's care until the moment he dies.

5) (　　　) May doubts that Wang's wish will come true because people are now helped by various kinds of robots every day.

4 Listen to the podcast and answer the questions. 🔊 **L17-7**

1) According to the podcast, what are students' common motivations for studying at college? Mark ○ for all that apply.

(　　　) to find a good job   (　　　) to learn things they are interested in

(　　　) to find what they want to do in the future   (　　　) to prepare to be useful in society

2) Mark ○ if the statement is true and ✕ if it is false.

a. (　　　) The podcaster did the survey himself.

b. (　　　) Many college students think they don't have enough time to learn something new.

c. (　　　) The podcaster quoted a message from the president of the college he graduated from.

d. (　　　) The college president believes students should focus on their own interest, not society's.

e. (　　　) At the podcaster's college, the students are encouraged to study abroad and participate in volunteer work.

5 **Challenge** Go to "Challenge Conversation" for further improvement of listening comprehension. 🔊 **L17-8**

Lesson 18

好きなことをしなさい。
Do what you like.

単語の練習 | Vocabulary practice
たん ご

1 Match the words and phrase from the box with their corresponding pictures.

信号	歯医者	赤ちゃん	空手	交差点	穴が開く	積もる	迷う	わたる	通う
しんごう	は いしゃ	あか	からて	こうさてん	あな あ	つ	まよ		かよ

1) _____教室

2) _____

3) _____

4) _____

5) 雪が_____

6) 道に_____

7) 学校に_____

8) 道に_____

9) 道を_____

10) _____

2 Match the words on the left with their opposites on the right.

1) 都合がいい　・
　つ ごう
2) 危険（な）　・
　き けん
3) 始め　・
4) 入院する　・
　にゅういん
5) 楽（な）　・
　らく
6) 不便（な）　・
　ふ べん

・　便利（な）
　　べん り
・　退院する
　　たいいん
・　都合が悪い
　　つ ごう
・　終わり
・　安全（な）
　　あんぜん
・　大変（な）

3 You are a resident assistant for a group of high school students from Japan. Fill in __ with the appropriate forms of the words from the box to complete the instructions. You may use each word only once.

がまんする	守る	かける	仲良くする	解決する
	まも		なか よ	かいけつ

1) 服にアイロンを_____時、火事に気をつけてください。

2) 時間を_____ください。

3) みんなで一緒に考えて、問題を_____ください。
　　　　　 いっしょ かんが

4) 寮はせまいけど、_____ください。
　りょう

5) 色々な人と友達になって、その人たちと_____ください。

99

4 Fill in each __ with the appropriate word or phrase from the box in the correct tense.

留守にする る す	残業する ざんぎょう	すいている	間に合わない ま　あ	文句を言わない もん く　い

1) 来週、家を_____ので、私のネコの世話をしてくれませんか。

2) 図書館の中のカフェはいつも_____ので、よく行きます。

3) 昨日、夜10時まで会社で_____ので、今日とてもつかれています。

4) 今朝、バスの時間に_____ので、授業に遅刻してしまいました。

　　　　　　　　　　　　　　　　　　　　　　　　　　　　　　ち こく

5) 田中さんは絶対に_____ので、一緒に仕事がしやすいです。

　　　　ぜったい　　　　　　　　　　　　　　　　　　　　　いっしょ

5 Fill in the table with the given words' meanings in English and parts of speech as follows: V = 動詞,
N = 名詞, A = 形容詞
めい し　　けいようし

　　　　　　　　　　　　　　　どうし

	Meaning	Part of speech		Meaning	Part of speech
1) 悩み なや			4) 大事 だい じ		
2) 留守 る す			5) 終わり お		
3) 広げる ひろ			6) 厳しい きび		

6 Choose the word from each [　] that does NOT belong to the category shown on the left.

1) 動詞
どう し　　　　[a. 経つ　　　b. 迷う　　　c. 考え　　　d. 出会う]
　　　　　　　　　　　た　　　　　　まよ　　　　　かんが　　　　て あ

2) 名詞
めい し　　　　[a. 丸　　　b. 三角　　　c. ばつ　　　d. すく]
　　　　　　　　　　まる　　　さんかく

3) データ　　　　[a. 図　　　b. 表　　　c. 赤ちゃん　　　d. 順番]
　　　　　　　　　ず　　　　ひょう　　　あか　　　　　じゅんばん

4) 読み物　　　　[a. 矢印　　　b. 1行目　　　c. 文　　　d. 段落]
　　　　　　　　　やじるし　　　ぎょうめ　　　ぶん　　　だんらく

助詞の練習 | Particle practice
じょし

Fill in (　) with the appropriate particles. You may use the same particle more than once. Do not use は.

1) 私は自分の大学のサッカーチーム（　　　）応援しています。
　　　　　　　　　　　　　　　　　　　　　おうえん

2) 絶対にしめ切り a.（　　　）間に合わないと思ったが、がんばったら、しめ切り b.（　　　）守ること
　ぜったい　　　　　　　　　ま　あ　　　　　　　　　　　　　　　　　　　　　　　まも
　ができた。

3) 父は高校で母 a.（　　　）出会いました。卒業して時間 b.（　　　）経ってから、結婚したそうです。
　　　　　　　　　　て あ　　　　　　　　　　　　　　　た　　　　　けっこん

4) 去年、母は私をじゅく a.（　　　）通わせた。私は毎日母 b.（　　　）文句 c.（　　　）言った。
　きょねん　　　　　　　　　　　かよ　　　　　　　　　　　　　もん く

5) 明日は休みですが、東京で用事 a.（　　　）あるから、家 b.（　　　）留守にします。東京の道は分か
　　　　　　　　　　　　ようじ　　　　　　　　　　　　　　　る す
　りにくいので、道 c.（　　　）迷わないといいんですが…
　　　　　　　　　　　まよ

6) この木のカップは地球 a.（　　　）やさしいので、SNSで人気 b.（　　　）出ました。
　　　　　　　　ちきゅう

7) お菓子 a.（　　　）がまんすることができなくて、ダイエット b.（　　　）失敗した。
　　か し　　　　　　　　　　　　　　　　　　　　　　　　　　　　　しっぱい

8) テストの時、間違い（　　　）気がついたので、すぐに直しました。
　　　　　　　まちが　　　　　　　　　　　　　　　なお

文法の練習 **1** | Grammar practice 1 (G1-G4)
ぶんぽう

できるⅠ

★1 Fill in __ with the appropriate verbs from the box using 〜なさい to complete the mild commands.

G1

食べる　　守る　　やめる　　かける　　わたる　　仲良くする　　習う

なかよ

Ex. 野菜を食べなさい。
やさい

1）時間を_____。　　2）友達と_____。

3）シャツにアイロンを_____。　　4）車に注意して、道を_____。

5）空手を_____。　　6）文句を言うのを_____。
　　からて　　　　　　　　　　　　　　　　　　　　　もんく

★2 Match the Japanese instructions on the left with their English equivalents on the right.

G1

1）かっこに助詞を入れなさい。　　•　　• Insert the appropriate conjunctions in ( ).
　　　　じょし

2）かっこに接続詞を入れなさい。　•　　• Read the third paragraph.
　　　　せつぞくし

3）3段落目を読みなさい。　　•　　• Insert the appropriate particles in ( ).
　　だんらくめ

4）3行目を読みなさい。　　•　　• Underline the conjunctions.
　　ぎょうめ

5）接続詞に下線を引きなさい。　•　　• Read the third line.
　　せつぞくし　　かせん　ひ

★★3 What were you instructed to do by your parents or teachers when you were a child? Make two sentences using 〜なさい as in the example.

G1

Ex. 子どもの時、よく母に「早く寝なさい」と言われました。
　　　　　　　　　　　　　　ね

1）子どもの時、よく_____に「_____なさい」と言われました。

2）子どもの時、よく_____に「_____」と言われました。

Lesson
18

★4 Fill in the conjugation rule(s) for the causative-passive form of each verb category. Then, complete the table with the causative-passive form for each verb.

G2

		Dic. form	Causative-passive form	Dic. form	Causative-passive form
Ru-verbs	Change ____ to _____.	食べる た	食べさせられる た	続ける つづ	
		やめる		届ける とど	
U-verbs	Short form: Change /u/ to ____ and attach _____.	習う なら		やる	
	Long form: Change /u/ to ____ and attach _____.	話す はな		探す さが	
Irregular verbs		する		来る く	(in hiragana)

★★
5

G1,G2

Describe the situations below from both your parents' and your own viewpoints as in the example.

Ex. 野菜を食べなさい。
やさい

1) 部屋をかたづけなさい。

2) ゲームをやめなさい。

3) 時間を守りなさい。

あなた

母　父

5) 本を読みなさい。

4) まんがを読むのを
がまんしなさい。

Ex. 母は私に野菜を食べさせました。→ 私は母に野菜を食べさせられました。
やさい　　　　　　　　　　　　　　　　　　　やさい

1) 母は私（　　）_____。→ 私は母（　　）_____。

2) 母は私_____。→ 私は母_____。

3) 母_____。→ 私_____。

4) 父_____。→ _____。

5) 父_____。→ _____。

★★
6

G1,G2

Recall what you were forced to do in your childhood and state three of them as in the example.

Ex. 子どもの時、よくピアノの先生に「毎日練習しなさい」と言われて、毎日練習させられました。

1) 子どもの時、よく_____に「_____なさい」と言われて、_____。

2) 子どもの時、よく_____に「_____」と言われて、_____。

3) 子どもの時、_____。

★★
7

G2

Choose who drinks/drank the beverage in each sentence from [　].

1) 母は弟に野菜ジュースを飲ませました。　　　　　　　　　　　[a. 母　b. 弟]
　　　　やさい

2) 子どもの時、私は母に牛乳を飲まされました。　　　　　　　[a. 母　b. 私]
　　　　　　　　　　ぎゅうにゅう

3) お茶は世界中で飲まれています。　　　　　　　　　　　　　[a. 世界中の人　b. 私]

4) 私は昨日、友達にビールを飲まされたので、今日は二日よいです。[a. 友達　b. 私]

5) 私は弟に田中さんがくれたジュースを飲まれてしまいました。　[a. 弟　b. 田中さん　c. 私]

8

G2

Listen to the exchanges and circle the most appropriate option from each [　].　　　🔊 L18-1

1) お母さんは子どもにアイロンを [かけられました ／ かけさせました ／ かけさせられました]。

2) 女の人は男の人にごちそう [されました ／ してあげました ／ させられました]。

3) 女の人は男の人にごちそう [されました ／ してあげました ／ させられました]。

4) 女の人は男の人に急に家に [来られました ／ 来させました ／ 来させられました]。

5) 女の人は男の人に土曜日も会社に [来られます ／ 来させます ／ 来させられます]。

できるⅡ

★9 **G3** Fill in __ with the appropriate forms of the given words to complete the sentences. For 5) and 6), circle the most appropriate word from [   ] as well.

1) 子どもの時、よくアニメを見ていましたが、今はもう_____。【見る】

2) 高校の時、ピアノ教室に行き始めました (started going)。今もまだ_____。【通う】
   かよ

3) 今４年生ですが、卒業した後、就 職するかどうか、まだ_____。【迷う】
   しゅうしょく   まよ

4) 前はケーキが上手に作れませんでしたが、いいオーブンを買ったので、

   もう_____。【失敗する】
                                                         しっぱい

5) A：トムさんは［まだ／もう］_____か。【入 院する】
                                                                    にゅういん

   B：いいえ、［まだ／もう］_____よ。【入 院する】
                                                                    にゅういん

   先週退院したそうです。
   たいいん

6) 今年の春はとても寒くて、この地方では［まだ／もう］雪が_____。【積もる】
   はる   さむ   ち ほう   つ

★★10 Talk about things from your childhood you still do or no longer do as in the example.

G3 **Ex.** 子どもの時、よく「うまいよ」というお菓子を食べていました。
                                        か し
   今もまだ食べています。or 今はもう食べていません。

1) 子どもの時、よく_____をしていました。今_____。

2) 子どもの時、_____が好きでした。今_____。

3) 中学生の時、よく_____を聞いていました。今_____。

4) _____の時、よく友達と_____ました。今_____。

Lesson 18

★★★11 Write your opinions about the future and include reasons. (See #5 on p.303 of *TOBIRA II*.)

G3 1) Q：50 年後、人はまだ車を運転していると思いますか。

   A：_____

2) Q：50 年後、子ども達はまだ学校に通っていると思いますか。
                                        かよ

   A：_____

3) Q：1000 年後、人間はまだ地球 に住んでいると思いますか。
                              ち きゅう

   A：_____

4) Q：your own _____年後、_____はまだ人気があると思いますか。

   A：_____

12 Complete each sentence using the given word or phrase and 〜のに as in the example.

G4 **Ex.** 用事があります → 今日、6時から<u>用事があるのに</u>、残業させられます。
ようじ   ようじ   ざんぎょう

1) ありません → 時間が_____のに、まだやることがたくさんあります。

2) 帰りたいです → 早く_____のに、まだ会議が続いています。
かえ   かいぎ

3) おいしくないです → 私の料理は_____のに、ルームメートは文句を言いません。
もんく

4) ひまです → 毎週金曜日は_____のに、今週の金曜日は忙しいです。
まいしゅうきんようび   いそが

5) 赤ちゃんです → ルカはまだ_____、難しい言葉が分かるみたいです。
あか   むずか ことば

6) 解決されました → 問題はもう_____、まだ安心できません。
かいけつ   あんしん

7) したかったです → 子どもの時、ゲームが_____、がまんさせられました。

8) 楽でした → 前の仕事は_____、やめてしまいました。
らく

13 Express your surprise, discontent, etc. using 〜のに.

G4 1) _____のに、_____が上手になりませんでした。

2) _____のに、あのレストランはいつもすいています。

3) your own _____。

14 Create a conversation between you and your trusty friend using 〜のに and causative-passive forms.

G4 あなた：ちょっと悩みがあるんだけど…
なや

友達　：どうしたの？

あなた：私は1)_____が好きじゃないのに、毎日2)_____んだ。

友達　：へえ、大変だね。

あなた：それから、私は3)_____たくないのに、4)_____んだ。

友達　：そっか、それはいやだね。

あなた：他にも5)_____のに、いつも6)_____んだ。
ほか

友達　：そう、最悪だね。

15 Listen to the exchanges between two people. Each exchanges will end with a beep, indicating a missing line. Then, listen to statements a, b, and c and circle the most appropriate statement for the missing line.

G4 🔊 L18-2

1) a　b　c　　　　2) a　b　c　　　　3) a　b　c

まとめの練習 **1** | Comprehensive practice 1 (G1-G4)

★★★
16 Complete the following dialogue between you and Noguchi-san using the cues provided.

野口（のぐち）　：〇〇さんは子どもの時、学校の後でよく何をしていましたか。

あなた：1)_____。

野口（のぐち）　：そうですか。今もまだ 2)_____。

あなた：3)_____。野口（のぐち）さんはどうでしたか。

野口（のぐち）　：親が厳（きび）しくて、色々なことを 4)_____。
　　　　　　　　　　　　　　　　　　　"(I) was forced to do"

あなた：どんなことを 5)_____んですか。
　　　　　　　　　　　　"were (you) forced to do"

野口（のぐち）　：学校の後、ゲームをがまん 6)_____たり、

　　　　7)_____のに、8)_____たりしました。
　　　　　　"not wanted to" [your own]　　　　　　　　"was forced to" [your own]

　　　それから、よく 9)「_____」と言われました。
　　　　　　　　　　　　　　　　　　[mild command]

あなた：そうですか。それは大変でしたね。

文法の練習 **2** | Grammar practice 2 (G5, G6)

できるⅢ

★
17 Make assumptions about a restaurant based on the information provided using the given words and
G5 ～はず.

1) このラーメン屋は星（ほし）（★）が５つだから、

　おいしいです。→ _____はずです

2) 今、午後８時だから、まだ開（あ）いています。→ _____はずです

3) 昨日は水曜日だったから、休みでした。→ _____

4) 今日は木曜日だから、休みじゃないです。→ _____

5) 人がたくさん待（ま）っているから、

　人気（にんき）があります。→ _____

6) 田中さんはこのラーメン屋はおいしいと言っていたから、

　この店が好きです。→ _____

7) 田中さんは毎週この店に行くと言っていたから、

　先週もこの店に行きました。→ _____

18 You are looking for a new apartment online with your friend. Talk about your expectations using 〜はず.

G5 **Ex.** 友達　：このアパートは家賃が高いかな。
　　　あなた：うん、新しいから高いはずだよ。

1）友達　：このアパートは学生が多いかな。

　　あなた：うん、大学に近いから、_____はずだよ。

2）友達　：このアパートはきれいかな。

　　あなた：まだ新しいから、_____はずだよ。

3）友達　：このアパートはネコが飼えるかな。

　　あなた：この写真の部屋にはネコがいるから、_____。

4）友達　：この部屋は２階かな。

　　あなた：うん、ベランダ (balcony) があるから、_____。

5）友達　：このアパートは住みやすいかな。

　　あなた：_____から、_____。
　　　　　　　　　　　　　[your own]

19 Express your expectations about the *TOBIRA* characters using 〜はず.

G5 1）アイさんはそばアレルギーがあるから、_____はずです。

2）圭太さんの出身は大阪だから、_____はずです。

3）リーマンさんの専攻は数学だから、_____。

4）タオさんのお父さんはシェフだから、_____。

5）にゃんたは_____から、幸せなはずです。

6）アイさんは_____から、日本語が上手になったはずです。

20 Fill in the table with the *ba*-forms of the given words.

G6

	Affirmative	Negative		Affirmative	Negative
できる			走る		
がまんする			持ってくる		
帰れる (potential form)			高い		
不便だ			休みだ		

106

You are an intern at an IT company in Japan and are discussing their new app, which will be released soon. Complete the discussion using the *ba*-forms of the given words and phrases.

1) 使う → このアプリを_____ば、道に迷わないはずです。

2) 急ぐ → _____ば、来月リリースできるはずです。

3) 気がつかない → バグ (bug) に早く_____ば、大きい問題になるはずです。

4) 解決できる → アプリのバグを早く_____ば、後で問題にならないはずです。

5) 思ってくれる → 若い人がおもしろいと_____ば、SNS で人気が出るはずです。

6) 使いやすい → _____ば、外国でも売れるはずです。

7) いい → 若い人のレビューが_____ば、人気が出るはずです。

　　よくない → でも、レビューが_____ば、人気は出ないはずです。

8) 大変です → 使うのが_____、文句を言われるはずです。

9) 若い人です → メインユーザーが_____、SNS でバズる (buzz) はずです。

You are on a student committee for your school's Japanese language program. Propose initiatives to promote the program using ～ば and the cues provided.

Lesson 18

1) オリエンテーションで_____ば、たくさんの学生に
　　　　　　　　　　　　"introduce the Japanese class"

　　知ってもらえるはずです。

2) 学校中に_____ば、みんな日本語のクラスがあることに
　　　　　　　　　　"post posters"

　　_____です。
　　　"notice" [expectation]

3) _____、学生は日本の文化に
　　　　　　　　　　[your own]

　　興味を持つ (take an interest) はずです。

4) _____、日本語の勉強を
　　　　　　　　　　[your own]

　　_____。
　　　"continue" [expectation]

★★★
23 Complete the exchanges between friends giving and receiving advice using 〜ば／なら and 〜はず.

G5,G6 1) A：単語が覚えられないんです。どうすればいいですか。
   たんご　おぼ

   B：_____ば、覚えられるはずです。がんばって。
   　　　　　　　　　　　　　　　　　　　　　　　　　　おぼ

2) A：_____とけんかしたんです。_____。

   B：_____、また仲良くできるはずです。がんばって。
   　　　　　　　　　　　　　　　　　　　　　　　　なか よ

3) A：来週、日本語で発表しなくてはいけないんです。とても緊張しています。
   　　　　　　　　　はっぴょう　　　　　　　　　　きんちょう

   B：_____、_____はずです。がんばって。

4) A：your own　_____。

   B：_____、_____。がんばって。

★★
24 Choose the most appropriate option from each [　] to complete the sentences. (See the notes on
ungrammatical sentences marked with × on pp.296-298 as well as Language Note on pp.380-381 of
G4-G6 *TOBIRA II*.)

1) 雪がたくさん積もっているのに、今から［a. 出かけましょう　b. 出かけるつもりです
   　　　　　　　　つ

   c. 出かけなくてはいけません］。

2) しめ切りに間に合うのに、レポートを急いで［a. 書いてください　b. 書いた方がいいです

   c. 書かされました］。

3) まだ仕事があるから、私は今日［a. 残業するはずです　b. 残業しなくてはいけません］。
   　　　　　　　　　　　　　　　ざんぎょう　　　　　　　ざんぎょう

4) 今日は［a. 日曜日だ　b. 日曜日な　c. 日曜日］のに、会社に［d. 来てください　e. 来ましょう

   f. 来させられました］。

5) デザインが［a. よければ　b. いければ　c. いいければ］、そのスマホを買います。

6) 車の運転が［a. 危険ば　b. 危険だなら　c. 危険なら］、電車で行きましょう。
   　　　　　　　きけん　　　　きけん　　　　きけん

7) 私の町に［a. 来たら　b. 来れば　c. 来ると］、連絡してください。
   　　　　　　　　　　　　　　　　　　　れんらく

25 Alex and Sam are roommates. Listen to their conversations and circle the most appropriate answer to the question after each conversation. 🔊 **L18-3**

G6

1）What will Alex be doing after this conversation?

    a. Running   b. Riding a bicycle   c. Riding a train

2）What will they be doing after this conversation?

    a. Buying the movie tickets   b. Checking the list of streaming movies   c. Watching the movie at the theater

3）What is their plan for Tom's birthday party?

    a. Have dinner together at home   b. Buy a present for him   c. Go to a restaurant with their friends

4）What is Sam likely to do tomorrow?

    a. Stay home   b. Drive a car   c. Go out using public transportation

まとめの練習 **2** | Comprehensive practice 2 (G5, G6)

26 Three students on the dorm resident committee are discussing how to improve their international student dorm. Complete their dialogue using the cues provided.

ダン：この 寮 をよくするために、1)＿＿＿＿＿＿＿＿＿＿＿＿＿＿＿＿＿＿＿＿ばいいと思いますか。
     りょう

リサ：私は 2)＿＿＿＿＿＿＿＿＿＿＿＿＿＿＿＿＿＿＿＿＿、もっとよくなると思います。
                 [your own (Use the *ba*-form.)]

キム：そうですね。それから、私は 食堂のメニューを多く 3)＿＿＿＿＿＿＿＿いいと思います。
                 しょくどう   おお   [Use the *ba*-form.]

    例えば、 食堂で 4)＿＿＿＿＿＿＿＿＿＿＿＿＿＿＿＿＿＿＿＿＿＿＿＿、
          しょくどう   "if (we) can eat [menu item of your choice]" [Use the *ba*-form.]

    5)＿＿＿＿＿＿＿＿＿＿＿＿＿＿＿＿＿＿＿＿＿＿＿＿＿＿＿＿＿＿＿。
          "(the dining hall) will become popular" [expectation]

ダン：それは 6)＿＿＿＿＿＿＿＿＿＿＿＿ですね。
            "good idea/thought"

リサ：そうですね。7)＿＿＿＿＿＿＿＿＿＿＿、 みんな 8)＿＿＿＿＿＿＿＿＿＿＿ですね。
           "if (we) can do that" [Use the *ba*-form.]   "(will) be delighted" [expectation]

ダン：じゃ、学校にメニューを変える計画を出しましょう。いつまでに出さなくてはいけませんか。

リサ：えっと、来週の金曜日です。あまり時間がありませんね。9)＿＿＿＿＿＿＿と思いますか。
                            "make it in time"

キム：10)＿＿＿＿＿＿＿＿＿＿＿、 11)＿＿＿＿＿＿＿＿＿＿＿と思います。
     [your own (Use the *ba*-form.)]   "can meet the deadline"

Lesson 18

109

Class: _____ Name: _____

聞く練習 | Listening practice

1 Listen to sentences 1)-3) and write them down. Use katakana and kanji where applicable. 🔊**L18-4**

1) _____

2) _____

3) _____

2 Listen to each conversation and circle the most appropriate statement to describe the situation.

🔊**L18-5**

1) a   b   c   2) a   b   c   3) a   b   c

3 Han-san (male) and Mori-san (female) are meeting up after a long time. Listen to their conversation and mark ○ if the statement is true and ✕ if it is false. 🔊**L18-6**

1) (   ) Mori started a new job, and she doesn't have any complaints.

2) (   ) Mori feels bad because the department chief works overtime every day.

3) (   ) Mori is sometimes made to work on weekends. She is also made to write a report every week.

4) (   ) Mori is not allowed to do important jobs yet.

5) (   ) Mori believes that her roommate drank her cola from the refrigerator yesterday.

4 Listen to the conversation between Riku and his mother. Then, circle the most appropriate choice to complete statements 1)-4). 🔊**L18-7**

1) Riku is still _____.

     a. playing the video game   b. doing his homework   c. sleeping

2) Riku _____.

     a. still plays soccer   b. already quit soccer   c. will quit soccer soon

3) Riku was made to _____.

     a. run every day   b. practice only in the afternoon   c. play in a game

4) Riku's mom thinks Riku _____.

     a. should talk to his coach about his problems

     b. should not play soccer anymore

     c. may be able to play in games if he works harder

5 **Challenge** Go to "Challenge Conversation" for further impovement of listening comprehension.

🔊**L18-8**

明日はどんな話をなさいますか。
What story will you be telling tomorrow?

単語の練習 | Vocabulary practice
たんご

1 Match the nouns from the boxes with their corresponding pictures.

自己紹介	工場	紅茶	会場	住所	注射	袋	まんじゅう	列
じ こ しょうかい	こうじょう	こうちゃ	かいじょう	じゅうしょ	ちゅうしゃ	ふくろ		れつ

1) _____ 2) _____ 3) _____ 4) _____ 5) _____

6) _____ 7) _____ 8) _____ 9) _____

女の子	クモ	映画監督	ヘビ	政治家
おんな こ		えい が かんとく		せい じ か

10) _____ 11) _____ 12) _____ 13) _____ 14) _____

2 Fill in __ with the appropriate verbs from the box to complete the verb phrases.

上がった	数えた	だました	並んだ	はいた	ゆれた
あ	かぞ		なら		

1) 列に_____
れつ

2) 悪いものを食べて_____

3) うそを言って人を_____

4) 地震で家が_____
じしん

5) くつをぬいで_____

6) 皿を_____
さら

3 Fill in __ with the appropriate phrases from the box to complete the sentences. You may use each phrase only once.

1) アニメに_____、日本語の勉強を始めた。

2) お正月に家族や親せきが_____、食事をした。

3) 留学するために、お金が_____、バイトしている。

4) いやなことを_____しまった。

5) 私は何でも_____やる性格だ。
せいかく

6) この食堂は_____学生が利用している。
しょくどう　　　　　　　　　　　　　　　　　りよう

主に
おも
必要で
ひつよう
集まって
あつ
思い出して
おも だ
興味を持って
きょうみ も
いっしょうけんめいに

4 Match the groups of words on the left with the verbs on the right that are commonly paired with them.

1) 野菜／指／電話　・
やさい　ゆび

2) 人／家具／木　・
かぐ

3) 電話／アイロン／いす・

・かける

・切る

・たおれる

4) 試験／面接／手術・
めんせつ　しゅじゅつ

5) 図書館／袋／バス・
ふくろ

6) 地震／火事／事故　・
じしん　かじ　じこ

・受ける
う

・起こる
お

・利用する
りよう

5 Match the phrases from the box with their corresponding pictures. You may use each phrase only once.

> a. ありがとうございます。　　b. いただきます。　　c. おじゃまします。
>
> d. おじゃましました。　　　　e. そろそろ失礼します。
> しつれい

＜日本人の家に行く＞

6 Write the polite equivalents of the underlined words. (See p.320 of *TOBIRA II*.)

1) お手洗いは<u>どこ</u>ですか。　　_____

2) お手洗いは<u>あそこ</u>です。_____

3) <u>この人</u>はアイ・ブルーノさんです。_____

4) 落語は<u>どう</u>でしたか。　_____
らくご

5) ＜ノックの音＞ <u>誰</u>ですか。　_____
だれ

助詞の練習｜Particle practice
じょし

Fill in ( ) with the appropriate particles. You may use the same particle more than once. Do not use は.

1) 今、ほんやく a.(　　) 興味 b.(　　) 持っている。
きょうみ

2) 旅行のために、お金 (　　) 必要だ。
ひつよう

3) 学生達はよくバス (　　) 利用している。
りよう

4) 風で木 (　　) ゆれている。
かぜ

5) この列 (　　) 並んでください。
れつ　　なら

6) 大切な約束 (　　) 思い出した。
やくそく　　おも　だ

7) こちら (　　) かけて、待っていてください。
ま

8) 地震 (　　) 起こって、こわかった。
じしん　　お

9) アイさん、みなさん (　　) 自己紹介してください。
じこしょうかい

10) 女の子 a.(　　) たおれて、人 b.(　　) 集まってきた。
あつ

文法の練習 1 | Grammar practice 1 (G2-G4)
ぶんぽう

できるⅠ

★1 Fill in the table with the appropriate courteous expressions of the given words used in a formal setting.
G2

Ordinary expression	Courteous expression (Masu-form)	Ordinary expression	Courteous expression (Masu-form)
行きます い		来ます き	
します		言います い	
食べます た		飲みます の	
います		あります	
しています		こちらです	こちらでございます

★2 Mark is meeting a guest from Japan at the airport. Match the phrases on the left with the corresponding courteous expressions on the right.
G2

1) マークと　　　　　　　・　　　　・　まいります。

2) よろしくお願い　　　・　　　　・　申します。
　　　　　　ねが　　　　　　　　　　　　　　もう

3) 去年まで日本に留学　・　　　　・　いたします。
　　きょねん

4) 九州の福岡に　　　　・　　　　・　しておりました。
　きゅうしゅう　ふくおか

5) 今日はバスで空港に　・　　　　・　おりました。

6) もう昼ご飯は　　　　・　　　　・　いただきました。

7) ホテルまで一緒に　　・　　　　・　まいりました。
　　　　　　　いっしょ

★★3 Ai is interested in working as a volunteer for an upcoming *rakugo* event. Change the underlined expressions into the appropriate courteous expressions.
G2

　＜メールで＞

1) 初めまして。アイ・ブルーノと言います。ボランティアのことでメールしました。
　　　　　　　　　　　　　　　　　　a.　　　　　　　　　　　　　　　　　　b.

　　私は落語に興味を持っています。どんな仕事をするか教えていただけませんか。
　　　らくご　きょうみ　　c.

2) お返事をありがとうございました。明日そちらに行きます。楽しみにしています。
　　　　　　　　　　　　　　　　　　　　　　　　　a.　　　　　　b.

＜面接に行く＞

3）<u>失礼します</u>。ボランティアの面接を受けに<u>来ました</u>。
　　　a.　　　　　　　　　　　　　　　　　　　　　　b.

4）ゴーブル大学のアイ・ブルーノと<u>言います</u>。日本語と美術を専攻<u>しています</u>。
　　　　　　　　　　　　　　　　　　a.　　　　　　　　　　　　　　　b.

5）５月まで日本に<u>いました</u>が、落語はまだ見たことが<u>ありません</u>。
　　　　　　　　　　a.　　　　　　　　　　　　　　　　　　b.

　どうぞよろしくお願い<u>します</u>。
　　　　　　　　　　　c.

4 You are attending a welcome reception at your internship company. Complete your self-introduction using courteous expressions and the prompts in the box. (See #3 on p.337 of *TOBIRA II*.)

| ① 名前　　② 学年 (year in school) と専攻　　③ 日本語の勉強を始めた理由 |
| ④ 趣味や好きなこと　　⑤ 他の情報（住んでいる所や好きな○○）　　⑥ 終わりのあいさつ |

① 初めまして。＿＿＿＿＿＿＿＿＿＿＿＿＿＿＿＿。

② 今、＿＿＿＿＿＿＿＿＿＿＿＿＿で、＿＿＿＿＿＿＿＿＿＿＿＿＿＿。

③ ＿＿＿＿＿＿＿＿＿＿＿＿＿＿＿＿＿＿ので、日本語の勉強を始めました。

④ ＿＿＿＿＿＿＿＿＿＿＿＿＿＿＿＿＿＿＿＿＿。

⑤ ＿＿＿＿＿＿＿＿＿＿＿＿＿＿＿＿＿＿＿＿＿。

⑥ ＿＿＿＿＿＿＿＿＿＿＿＿＿＿＿＿＿＿＿＿＿。

5 Listen to the formal exchanges. Each exchange will end with a beep, indicating a missing line. Fill in each __ with the most appropriate expression from the box for the missing line. **L19-1**

| a. いただきます　　b. ございます　　c. 失礼いたします　　d. よろしくお願いいたします |

1）_____　2）_____　3）_____　4）_____　5）_____　6）_____

できるⅡ

6 Change the following questions into their extra-polite equivalents.

Ex. ちょっといいですか。→ ちょっと<u>よろしいでしょうか</u>。

＜インターンシップについて聞く＞

1）どんな仕事ですか。　　　　→ どんな＿＿＿＿＿＿＿＿＿＿＿＿。

2）経験は必要ですか。　　　　→ 経験は＿＿＿＿＿＿＿＿＿＿＿＿。

3）仕事はいつから始まりますか。→ 仕事はいつから＿＿＿＿＿＿＿＿＿＿。

4）残業はありますか。　　　　　　　→ 残業は_____。

5）先輩を 紹 介していただけませんか。　→ 先輩を_____。
　　せんぱい　しょうかい　　　　　　　　　　　せんぱい

＜インターンシップの会社で＞

6）はい、何ですか。　　　　　　　　→ はい、_____。

7）このデータはだめですか。　　　　→ このデータは_____。

8）今日、少し早く帰ってもいいですか。→ 今日、少し早く_____。
　　　　すこ　　　　　　　　　　　　　　　　　　すこ

9）会議はいつでしたか。　　　　　　→ 会議は_____。
　　かい ぎ　　　　　　　　　　　　　　　かい ぎ

10）何か間違っていましたか。　　　　→ 何か_____。
　　　　まちが

★★
7 Ask for permission from your teacher and/or boss (部長) using the extra-polite question ending.

G3 **Ex.** 先生、今日オフィスアワーに行ってもいいでしょうか。

1) _____、_____。

2) _____、_____。

★★
8 Ask questions to your host family, boss, etc. using the extra-polite question ending.

G3 **Ex.** お母さん、家の近くにコンビニがあるでしょうか。

1) _____、_____。

2) _____、_____。

3) _____、_____。

Lesson
19

★
9 Fill in the table with the appropriate special honorific expressions of the given words.

G4

	Special honorific verb			Special honorific verb	
Verb	Dictionary form	*Masu*-form	Verb	Dictionary form	*Masu*-form
行く／来る い　く	いらっしゃる	いらっしゃいます	食べる／飲む た　　　の		
いる			見る み		
言う い			寝る ね		
する			くれる		
している			住んでいる す		
来てくれる き	(in hiragana)	(in hiragana)	話してくれる はな		

10 Fill in the table with the appropriate honorific expressions of the given words using おV-*masu*になる.

G4

	Honorific verb			Honorific verb	
Verb	Dictionary form	*Masu*-form	Verb	Dictionary form	*Masu*-form
読む よ	お読みになる よ	お読みになります よ	帰る かえ		
話す はな			分かる わ		
教える おし			やめる		

11 Choose the most appropriate option from each [　] to complete the sentences.

G4

1）先生は５時までオフィスに［a.いらしゃいます　b.いらっしゃいます　c.いらっしゃります］。

2）先生はもう昼ご飯を［a.めしあがった　b.めしあげた　c.お食べになった］そうです。

3）先生はよく図書館を利用［a.になります　b.なさります　c.なさいます］。
　　　　　　　　　　　　りょう

4）先生はよく映画を［a.お見になります　b.ご覧なります　c.ご覧になります］。
　　　　　　　　　　　　　　　　　　らん　　　　　　らん

5）先生はそう［a.おしゃいました　b.おっしゃいました　c.おっしゃりました］。

6）先生は環境問題に興味を［a.お持ちになります　b.お持っていらっしゃいます
　　　かんきょう　　　きょうみ

　　c.持っていらっしゃいます］。

7）先生が推薦状を［a.書いてくれました　b.書いてくださりました　c.書いてくださいました］。
　　　すいせんじょう

12 You met a Japanese professor during an event at a university art museum. Ask her questions using appropriate honorific expressions.

G4

Ex. 先生はよくこの美術館に来ますか。　→ 先生はよくこの美術館に<u>いらっしゃいますか</u>。
　　　　　　　びじゅつかん　　　　　　　　　　　　　　　　　びじゅつかん

1）もうあの絵を見ましたか。　　　　　　→ もうあの絵を_____。

2）この料理を食べましたか。　　　　　　→ この料理を_____。

3）先生は何を教えていますか。　　　　　→ 先生は何を_____。

4）いつこの国に来ましたか。　　　　　　→ いつこの国に_____。

5）何年ぐらいこの大学にいますか。　　　→ 何年ぐらいこの大学に_____。

6）最近、日本に帰りましたか。　　　　　→ 最近、日本に_____。

7）your own　　　　　　　　　　　　　　_____。

★★ 13 **G4**

You are doing an internship at a Japanese company. Complete the questions to your superiors with honorific expressions using the cues provided.

＜レストランで＞　　**Ex.** 何を<u>めしあがります</u>か。【食べます】

1) 飲み物は何を_____か。【飲みます】

2) メニューを_____か。【見ます】

3) 何に_____か。【します】

4) 部長のおすすめを_____か。【教えてくれます】

部長

＜オフィスで＞

5) 部長は今どちらに_____か。【います】

6) 部長は何と_____か。【言いました】

7) 先輩はこの記事を_____か。【読みました】
   せんぱい

8) このプロジェクトはいつ_____んですか。【計画した】

9) プレゼンの前は_____か。【緊張します】
   きんちょう

先輩
せんぱい

＜エレベーターで＞

10) 週末はよく_____か。【寝ました】
    ね

11) どこかに_____か。【出かけました】

12) 毎日、_____そうですね。【走っている】

部長

13) 今度のイベントの会場を_____か。【利用したことがあります】
    かいじょう　　　　　　　　　　　　　　　　　　　　　　　　　　　　　りよう

Lesson **19**

★★ 14 **G4**

You have a chance to interview a famous person. Prepare a series of questions for a successful interview. You may choose any interviewee (your favorite athlete, film director, etc.).

Step 1 For practice, change the underlined parts into the appropriate honorific expressions to create questions for a politician. For 5), use the extra-polite question ending.

インタビューを受ける人 (interviewee)：政治家
　　　　　　　　　　　　　　　　　　　せいじか

1) ○○さんはよく海外に<u>出張します</u>か。　　→ _____
   　　　　　　　　　　　しゅっちょう

2) どちらに<u>行く</u>ことが多いですか。　　　　→ _____
   　　　　おお

3) 飛行機の中でたいてい何を<u>しますか</u>。　　→ _____
   ひこうき

4) 今、どんな問題に<u>興味を持っています</u>か。　→ _____
   　　　　　　　　きょうみ

5) 好きな言葉は<u>何ですか</u>。　　　　　　　　→ _____
   　　　　ことば

117

★★★ Step 2 Now, create your own questions using Step 1 as a model.

インタビューを受ける人：_____

1) _____

2) _____

3) _____

4) _____

5) _____

★★
15 Ai is talking about 落語の師匠 (master of *rakugo*) who she is attending to for a *rakugo* event. Change
G4 the underlined parts into the appropriate honorific expressions.

師匠は今日の午後、空港に着きました。それから、タクシーで大学まで来ました。
　　　　　　　　　　　　　　　　a.　　　　　　　　　　　　　　　　　　　　b.

師匠は世界中で落語のイベントをしていて、先週はカナダにいたそうです。
　　　　　　　　　　　　　　　c.　　　　　　　　　d.

英語はあまり話しませんが、分かります。
　　　　　e.　　　　　　f.

今日は大学のキャンパスを見て、学生達と少し話しました。
　　　　　　　　　　　　　　g.　　　　　　　　　h.

その時、「みなさんに」と言って、日本のお菓子をくれました。師匠がくれたお菓子は、
　　　　　　　　　　　　　i.　　　　　　　　　　j.　　　　　　　k.

とてもおいしかったです。

今晩はホテルで晩ご飯を食べるそうです。少しつかれているので、早く寝るかもしれません。
　　　　　　　　　　　　l.　　　　　　　　m.　　　　　　　　　　　　n.

師匠は土曜日に日本に帰る予定です。
　　　　　　　　　　　o.

16 Chris is talking with a Japanese person at an event while studying abroad in Japan. Listen to each
G4 exchange, which will end with a beep, indicating a missing part. Then, listen to verb forms a, b, and c,
and circle the form that is NOT ACCEPTABLE for the missing part. 🔊 L19-2

1) a　b　c　　2) a　b　c　　3) a　b　c　　4) a　b　c　　5) a　b　c

まとめの練習 **1** | Comprehensive practice 1 (G2-G4)

★★★
17 You are going to study abroad in Japan. Write a letter to your Japanese host family to introduce yourself using the format below. (See Review on p.345 of *TOBIRA II*.) Use a separate sheet if necessary.

Opening	· Introduce yourself briefly.
Body	· Explain why you want to study in Japan. · Share what you like to do and what you're looking forward to experiencing in Japan. · Ask them questions.
Closing	· Say you are excited to meet them.

ホストファミリーのみなさん、初めまして。
〜〜〜〜〜〜〜〜〜〜〜〜〜〜〜〜〜
〜〜〜〜〜〜〜〜〜〜〜〜〜〜〜〜〜
〜〜〜〜〜〜〜〜〜〜〜〜〜〜〜〜〜
どうぞよろしくお願いいたします。
アイ・ブルーノ

_____

_____

_____

_____

_____

_____

_____

Lesson
19

文法の練習 **2** | Grammar practice 2 (G5,G6)

できるⅢ

★
18 Fill in the table with the appropriate humble expressions of the given words using おV-*masu*する.

G5

Ordinary expression	Humble expression (*Masu*-form)	Ordinary expression	Humble expression (*Masu*-form)
持ちます も	お持ちします も	送ります おく	
手伝います てつだ		電話します でんわ	
調べます しら		連絡します れんらく	
話します はな		案内します あんない	
借ります か		待っています ま	

⑲ **G5** You are doing an internship at a Japanese company. Respond to your 部長 attentively with humble expressions using the cues provided.

Ex. 部長　：ちょっと寒いね。
さむ
　　　　あなた：はい、すぐエアコンを<u>おつけします</u>。【つける】

1）部長　：電車の時間、教えてくれる？　あなた：はい、すぐ_____。【調べる】

2）部長　：タクシー、呼んでくれる？　　あなた：はい、すぐ_____。【呼ぶ】
よ　　　　　　　　　　　　　　　　　　　　　　　　　　　　　　　　　　　　　よ

3）部長　：この仕事、手伝ってくれる？　あなた：はい、_____。【手伝う】
てつだ　　　　　　　　　　　　　　　　　　　　　　　　　　　　てつだ

4）部長　：このデータの見方、分かる？　あなた：はい、_____。【説明する】
せつめい

5）部長　：これ、この住所に送ってくれる？
じゅうしょ

　　　あなた：はい、すぐに_____。【送る】

6）部長　：今、お客様が受付 (reception desk) にいらっしゃったって電話があった。
きゃくさま　うけつけ

　　　あなた：そうですか。では、こちらに_____。【案内する】
あんない

⑳ **G5** As an attentive intern, what would you do in the following situations? Offer some help to your 部長 using the verbs from the box with humble expressions as in the example.

| 探す | 送る | 手伝う | 持つ | 電話する | 調べる |
| さが | | てつだ | | | |

Ex. 部長：ない、書類がない！　どこに置いたかなぁ。　あなた：<u>一緒にお探ししましょうか</u>。
しょるい　　　　　　　　　　お　　　　　　　　　　　　　いっしょ　　　さが

1）部長：この荷物、重い！　　　　　　　　　　　　　　あなた：半分_____。

2）部長：この仕事、今日中に終わるかなぁ。　　　　　　あなた：何か_____。

3）部長：誰かこの会場の住所、分かる？　　　　　　　　あなた：私が_____。
だれ　　　かいじょう　じゅうしょ

4）部長：お客様から電話はあった？　　　　　　　　　　あなた：いいえ。私から_____。
きゃくさま

5）部長：お客様がこのデータ、ほしいと言ってた。　　　あなた：お客様に_____。
きゃくさま　　　　　　　　　　　　　　　　　　　　　　きゃくさま

㉑ **G5** You are giving a presentation about your hometown. Change the underlined parts into the appropriate humble expressions.

1）今日は私の出身の町を<u>紹介します</u>。　　　→ _____
しゅっしん　　　しょうかい

2）まず、写真を<u>見せましょう</u>。　　　　　　→ _____

3）こちらの場所について<u>説明します</u>。　　　→ _____
せつめい

4）今日は私の町のおもしろい所について<u>話しました</u>。→ _____

5）みなさんがいらっしゃるのを<u>待っています</u>。　→ _____
ま

6）いつか (someday) 私の町で<u>会いましょう</u>。　→ _____

できるⅣ

㉒ Listen to the requests you will often hear in Japan, then match them with their corresponding pictures.

G6 ① ＜銀行で＞
<ぎんこう>

1) _____   2) _____   3) _____   4) _____   5) _____

② ＜駅のホーム (platform) で＞

1) _____   2) _____   3) _____   4) _____   5) _____

③ ＜レストランで＞

1) _____   2) _____   3) _____   4) _____   5) _____

Lesson **19**

まとめの練習 ❷ | Comprehensive practice 2 (G5,G6)

㉓ Listen to the exchanges between Ai and 落語の師匠 on campus. Then, mark ○ for what Ai actually
<らくご＞<ししょう>
did while showing him around the campus. L19-4

(　) かばんを持つ　　　　　　　　　(　) 着る物を貸す
　　　　　　　　　　　　　　　　　　　　　　　<か>
(　) イベント会場に案内する　　　(　) 写真をとる
　　　　　　<かいじょう><あんない>
(　) 飲み物を買ってくる　　　　　(　) 食堂に連れていく
　　　　　　　　　　　　　　　　　　　　　<しょくどう><つ>
(　) キャンパスについて説明する　(　) 師匠の質問に答える
　　　　　　　　　　　　　<せつめい>　　　　　<ししょう>

聞く練習 | Listening practice

1 Listen to statements 1)-3) and write them down. Use katakana and kanji where applicable.　🔊 L19-5

1) _____

2) _____

3) _____

2 Listen to the conversations between a store employee and a customer. Each conversation will end with a beep, indicating a missing line. Then, listen to statements a, b, and c and circle the most appropriate statement for the missing line.　🔊 L19-6

1) a　　b　　c　　　　2) a　　b　　c　　　　3) a　　b　　c

3 Listen to the conversation between a hair stylist (male) and Honda-san (female). Then, circle the most appropriate choice to complete statements 1)-4).　🔊 L19-7

1) Honda came here _____.

　　a. many times　　b. for the first time　　c. with her older sister

2) The stylist will not cut Honda's _____.

　　a. side hair　　b. back hair　　c. front hair

3) The stylist will _____ today.

　　a. cut Honda's hair short　　b. dye Honda's hair　　c. perm Honda's hair

4) The stylist will bring a _____ after this.

　　a. drink　　b. hair catalogue　　c. magazine

4 Listen to the introduction of Professor Tsutsui at a lecture. Mark ◯ if the statement is true and ✕ if it is false based on what you hear.　🔊 L19-8

言語学：linguistics　　博士号：Ph.D. (doctoral degree)　　州：state
げんごがく　　　　　　はくしごう

1) (　　　) Prof. Tsutsui majored in engineering at university.

2) (　　　) After working for a company for several years, Prof. Tsutsui studied linguistics at a graduate school in Japan.

3) (　　　) Prof. Tsutsui previously taught at MIT and then moved to Seattle to teach at the University of Washington.

4) (　　　) Prof. Tsutsui lives in Japan now and visits Seattle twice a year.

5) (　　　) Prof. Tsutsui seems to like *rakugo*.

5 **Challenge** Go to "Challenge Conversation" for further improvement of listening comprehension.　🔊 L19-9

Lesson 20 みんな、これからどうするの？
What's everyone doing next?

単語の練習 | Vocabulary practice
たんご

1 Practice using new words in pairs.

Step 1 Match the words on the left with their related words on the right.

1) 大人　　•　　•　詩　　　　　5) 賛成する　•　　•　死ぬ
　おとな　　　　　　　し　　　　　　さんせい

2) 詩人　　•　　•　歌詞　　　　6) 殺す　　•　　•　安心する
　しじん　　　　　　かし　　　　　ころ

3) 歌　　　•　　•　作品　　　　7) ぬれる　•　　•　反対する
　　　　　　　　　　さくひん　　　　　　　　　　はんたい

4) 作者　　•　　•　子ども　　　8) 不安 (な)•　　•　かわかす
　さくしゃ　　　　　　　　　　　ふあん

Step 2 Choose two word pairs from Step 1 and write a sentence for each as in the example.

Ex. バスや電車に乗る時、大人と子どもはチケットの値段が違う。
　　　　　　　　　　　　おとな　　　　　　　　　　ねだん

1) _____

2) _____

2 Choose the word that does NOT belong to each group of words.

1) [a. 植物　b. 葉っぱ　c. 羽　　d. 花]　　2) [a. 宇宙　b. 空気　c. 月　　d. 地球]
　　しょくぶつ　　は　　　はね　　　　　　　　　　うちゅう　くうき　つき

3) [a. 詩人　b. 作者　c. 大人　d. 洗剤]　　4) [a. 関係　b. 目的　c. ゴール　d. 目標]
　　しじん　　さくしゃ　おとな　せんざい　　　　かんけい　もくてき　　　　　もくひょう

3 Match the groups of nouns with the words that are commonly paired with them. Choose the most appropriate verbs from the left box for 1)-4) and nouns from the right box for 5)-7).

持つ　　する　　気にする　　開ける
も　　　　　　き　　　　あ

関係　　結果　　番組
かんけい　けっか　ばんぐみ

1) 自信／目標／興味　　_____
　じしん　もくひょう　きょうみ

2) かぎ／窓／プレゼント　_____
　　　まど

3) 一人暮らし／徹夜／賛成 _____
　　　　ぐ　　てつや　さんせい

4) 成績／失敗／におい　_____
　せいせき　しっぱい

5) 試験／面接／試合　　_____
　　　　めんせつ

6) テレビ／ラジオ／クイズ _____

7) 国際／人間／ライバル　_____
　こくさい

4 Fill in __ with the appropriate words from the box to complete the sentences.

美しい　　おしゃれな　　ばかな　　不安な　　やさしく
うつく　　　　　　　　　　　　　　ふあん

1）兄は_____人で、いつもかっこいい服を着ている。

2）みんなで_____ことを言って、さわいだ。

3）日本に留学した時、始めは_____ことが多かった。

4）桜の花を見ると、誰でも_____と感じると思う。
　　さくら　　　　　だれ　　　　　　　　　　かん

5）子どもには_____話しましょう。

5 Fill in __ with the most appropriate words and phrases from the box to complete the sentences. You may use each word or phrase only once.

うまくいって　　くり返して　　比べて　　続いて　　徹夜して　　一人暮らしをして
かえ　　　　　くら　　　つづ　　てつや　　　ひとりぐ

1）『スター・ウォーズ』シリーズは長く_____いる SF 宇宙映画だ。
　　　　　　　　　　　　　　　　　　　　　　　うちゅう

2）日本語の勉強のために、同じドラマを何度も_____見ている。

3）イベントにたくさんの人が来てくれた。私達の計画が_____、うれしい。

4）_____よかったと思うけど、時々ちょっとさびしくなる。

5）昔はコンサートでいい席を取るために、_____並んだそうだ。
　　　　　　　　　　せき　　　　　　　　　　　　　　　　　　なら

6）都会はいなかと_____、人や店が多い。
　　とかい

助詞の練習 | Particle practice
　じょし

Fill in ( ) with the appropriate particles. You may use the same particle more than once. Do not use は.

1）かぎ（　　）開けて、部屋に入る。　2）スプレーでいやな虫（　　）殺した。
　　　　　　　　　　　　　　　　　　　　　　　　　　　　むし　　ころ

3）今週は雨の日（　　）続いている。　4）雨に降られて、服（　　）ぬれてしまった。
　　　　　　　　　　　　　　　　　　　　　　ふ

5）春なのに、今日は寒い（　　）感じる。6）なぜ地球（　　）回っているか知っていますか。
　　　　　　　　　　さむ　　かん　　　　　　　　　まわ

7）仕事で同じ失敗（　　）くり返して、落ち込んだ。
　　　　　しっぱい　　かえ　　おこ

8）あまり人の言うこと a.（　　）気にしすぎない方がいい。自分 b.（　　）自信 c.（　　）持とう。
　　　　　　　　　　　　　　　　　　　　　　　　　　　　　じしん

9）日本 a.（　　）自分の国 b.（　　）比べると、日本の方が食べ物がおいしいと思う。
　　　　　　　　　　　　　　くら

10）父は私が日本に留学すること a.（　　）賛成しているが、母は留学 b.（　　）反対している。
　　　　　　　　　　　　　　　　　　さんせい　　　　　　　　　　　　はんたい

11）国際関係（　　）うまくいかないと、戦争 (war) になるかもしれない。
　　こくさいかんけい　　　　　　　　　せんそう

文法の練習│Grammar practice
ぶんぽう

できるⅠ

★1 Describe the two people below using the words and phrases from the boxes in their appropriate
G1 forms with 〜ても.

アクティブさんは

Ex.1 雨が降る	Ex.2 用事がない	
1）宿題がある	2）つかれている	3）忙しい いそが
4）ひまじゃない	5）お金がない	

出かけます。

Ex.1 雨が降っても　　　　　　　　**Ex.2** 用事がなくても
ふ

1) _____ 　2) _____ 　3) _____

4) _____ 　5) _____

ゴロゴロさんは

6）さそわれる	7）天気がいい	8）忙しくない いそが
9）ひまだ	10）週末だ	

出かけません。

6) _____ 　7) _____ 　8) _____

9) _____ 　10) _____

★2 Fill in __ to describe the pictures using 〜ても and the cues provided as in the example.
G1 **Ex.** 　　　1) 0 cal 　　2) OK! 　　3) 　　　　4)

   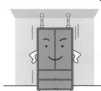 

5) 　　　　　6) 　　　　　　　7) 　　　　　8) 誰でも使える
だれ

Ex. 落としても、割れません。
わ

1) _____、太りません。　2) このスマホは_____、こわれません。
　　　　　　　　ふと

3) 地震が_____、たおれません。　4) _____、いいソファです。
　じしん

5) _____、時間が分かります。　6) _____、開いています。

7) _____、だいじょうぶです。　8) この大学の学生_____、利用できます。
　　　　　　　　　　　　　　　　　　　　　　　　　　　　　　　りよう

Lesson **20**

125

★★ ③ Complete the sentences by filling in __ with the words from the box in either their affirmative or

G1 negative ～ても expression.

雨だ   不安だ   やさしい   おしゃれだ   反対される   急ぐ   続く
ふあん   はんたい   つづ

1) 明日は＿＿＿＿＿＿＿＿＿＿＿＿＿＿＿、野球の試合があります。

2) 服が＿＿＿＿＿＿＿＿＿＿＿＿＿＿、くつが汚かったら、かっこよくないです。

3) 留学するのが＿＿＿＿＿＿＿＿＿＿＿＿＿、いい経験ができるから、心配しない方がいいです。

4) いやなことが＿＿＿＿＿＿＿＿＿＿＿＿＿＿、気にしないで、がんばろうと思います。

5) 両親に＿＿＿＿＿＿＿＿＿＿＿＿＿、好きな人と結婚するつもりです。
                                                     けっこん

6) まだ時間があるから、＿＿＿＿＿＿＿＿＿＿＿＿＿、間に合いますよ。

7) 私の話し方がこわくて＿＿＿＿＿＿＿＿＿＿＿＿＿、きらいにならないでください。人と話すのが

   下手なんです。

★★ ④ Choose the most appropriate options from [ ] to complete the exchanges.

G1 1) A：あ〜、お金がほしい。お金が［a. あったら　b. あっても］幸せになれるのに…

   B：そうかなぁ。お金が［c. あったら　d. あっても］、幸せになれるかどうか分からないよ。

2) A：眠そうだね。眠かったら、寝たら？
      ねむ   ねむ   ね

   B：ううん。明日試験だから、［a. 眠かったら　b. 眠くても］がんばらなくてはいけないんだ。
                                    ねむ   ねむ

3) A：あ〜、誰も私の計画に賛成してくれない。どうしてかなぁ。
         だれ   さんせい

   B：元気を出そうよ。いい計画だから、［a. 反対されたら　b. 反対されても］あきらめないで
                                      はんたい   はんたい

   ほしい。

4) A：歌舞伎を見に行きませんか。
      か ぶ き

   B：行きたいけど、日本語が［a. 分からなかったら　b. 分からなくても］楽しめないから…

   A：英語のイヤホンガイド (audio guide) があるから、

   日本語が［c. 分からなかったら　d. 分からなくても］楽しめますよ。

   行きましょう。

kabuki

★★
⑤ Describe yourself based on the cues provided using either 〜たら or 〜ても as in the example.

G1 **Ex.** ひどいことを言われる／落ち込む
お こ

私はひどいことを言われたら、落ち込みます。or 私はひどいことを言われても、落ち込みません。
お こ お こ

1) 親にやりたいことを反対される／あきらめる
はんたい

私は_____。

2) 自分に自信がない／チャレンジする
じしん

私は_____。

3) your own 〇〇が {ない or いない}／幸せだ

私は_____。

4) your own

_____。

★
⑥ You are training a dog. Describe changes in his abilities over time using Vようになる or Vなくなる and the verbs provided as in the examples.

G2
Ex.1 歩く → 歩けるようになりました。

Ex.2 ほえない (doesn't bark) → あまりほえなくなりました。

1) 食べる → ドッグフードが_____。

2) 行く → 犬のトイレに_____。
いぬ

3) 散歩する → _____。
さんぽ

4) 遊ぶ → 他の犬と_____。
あそ いぬ

5) する →「お手」(handshake) が_____。
て

6) かまない (doesn't chew) → 何でも_____。

7) 入ってこない → キッチンに_____。

Describe changes in people's daily habits based on the pictures provided as in the example.

G2

Ex.   1)   2)   3)   4)

Ex. よくネットの動画を<u>見るようになりました</u>。そして、あまりテレビを<u>見なくなりました</u>。

1) ネットで服を_____。そして、あまり店で服を_____。

2) メールを_____。そして、あまり手紙を_____。

てがみ

3) スマホで写真を_____。そして、あまりカメラを_____。

4) サブスク (subscription) で映画を_____。

   そして、あまり映画館に_____。

 Describe changes in the accessibility of facilities, services, etc. based on the pictures provided.

G2   Ex.    1)   2)   3)   4)   5)

 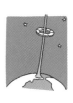

Ex. ネットで使わなくなった物が<u>売れるようになりました</u>。

1) ネットで何でも_____。

2) スマホでお金が_____。

3) 家で授業が_____。

4) 将来、エレベーターで宇宙に_____かもしれません。

しょうらい　　　　　　　　うちゅう

5) 将来、月に_____かもしれません。

しょうらい　つき

Class: _____   Name: _____

9 Complete the sentences about Ai's changes over the years using the cues provided.

G2

> **Ex.** 家族と住む → ジャパンハウスに住む   1) 家事ができない → できる
>
> 2) 小さいことを気にする → 気にしない   3) 人と自分を比べる → あまり比べない
>
> 4) 自分で決められない → 決められる   5) 失敗したら、あきらめる → あきらめない

Ex. アイさんは大学に入ってから、ジャパンハウスに住むようになりました。

1) ジャパンハウスに住むようになって、_____。

2) 留学してから、_____。

3) 人と_____。

4) 何でも_____。

5) 失敗_____。

10 Listen to the questions and answer them based on your own information as in the example. 🔊 L20-1

G2

Ex. Q：１年前の自分と比べて、どんなことが変わりましたか。

A：健康のために、前より野菜を食べるようになりました。

1) _____。

2) _____から、_____。

3) _____から、_____。

11 Choose a topic from the box and write about how that particular technology has changed our lifestyles. Describe the changes in ～ using the "change of state" expressions introduced in this lesson.

G2

> **Possible topics** 動画サイト (video sharing website)　SNS　QR コード　AI ほんやく　VR

私は_____について話します。

昔はみんな_____。

でも、_____ができてから、_____。

そして、_____。

これから {は／も} _____ と思います。
　　　　[↑Circle one.]

129

できるⅡ

★★ 12 Report the *TOBIRA* characters' decisions based on the information below. Fill in __ with their names
and __ with their decisions using Vことにした as in the example.

G3

Ex. ジャン ← 一人暮らしをします
ぐ

リーマン ← 徹夜しません
てつや

タオ ← 試験の結果をあまり気にしません
けっか

圭太 ← 剣道を教えるのを続けます
けいた　　けんどう

マーク ← 国際関係を専攻します
こくさいかんけい　せんこう

アイ ← 留学生を助けてあげます

あきら ← もっと自分に自信を持ちます
じしん

キム ← 発音の練習をがんばります
はつおん

Ex. ジャン さんはルームシェアをやめて、一人暮らしをすることにしたそうです。
ぐ

1) _____さんは日本で色々な人にお世話になったから、自分も困っている_____

_____と言っていました。

2) _____さんは、試験の結果がよくなくても、_____そうです。
けっか

3) _____さんは、勉強が大変でも午前2時までに寝て、_____そうです。
ね

4) キム さんは、自然な (natural) 日本語で話せるようになりたいので、_____
しぜん

_____と言っていました。

5) _____さんは、忙しくても、_____そうです。
いそが

6) あきら さんは、誰かと自分を比べるのをやめて、_____そうです。
だれ　　　　　くら

7) _____さんは、政治に興味があるので、大学院で_____そうです。
せいじ　きょうみ

★★ 13 Complete the sentences using Vことにしました and the cues provided based on your own information.

G3 1) 来学期の授業は_____。
らいがっき　　　　　　　　　　"take (a course of your choice)" [your decision]

それから、_____。
"not to take (a course of your choice)" [your decision]

2) 『_____』という {本を読んで／映画を見て} _____。
[↑Circle one.]

3) _____ために、_____。
[your decision for making your life better]

14 **G3** People are sharing their practices to protect the environment. Complete their statements using Vことにしています and the cues provided.

Ex. 寄付する
きふ
1)
2) むだづかいする
3) リサイクルする
4)

Ex. A：私は毎年、環境を守るための活動に寄付することにしています。
かんきょう　　　　　　　　　　　　きふ

1）B：私は週末は道に落ちている_____。

2）C：私は水や電気を_____。

3）D：私はいらなくなった物を捨てないで、_____。
　　　　　　　　　　　　　　　　す

4）E：私はできるだけ歩いたり自転車に乗ったりして、_____。

5）your own　私は_____。

15 **G3** Talk about your habits by circling an option in {　} and filling in __ with your own information using Vことにしています。

1）私は不安に {なったら／なっても}、_____ことにしています。
　　　ふあん

2）いっしょうけんめいにやった結果が {悪かったら／悪くても}、_____
　　　　　　　　　　　　　けっか

_____。

3）SNS で変なコメントを {見たら／見ても}、_____。

4）_____が {きらいだったら／きらいでも}、_____。

Lesson **20**

16 **G4** Fill in the table with the 〜なら forms of the given words and phrases.

	Non-past		Past	
	Affirmative	Negative	Affirmative	Negative
比べる くら	比べるなら くら			
くり返す かえ				
賛成する さんせい				
都合がいい つごう				
きらいだ				
大人だ おとな				

★★
⑰ Fill in __ with your suggestions to complete the sentences.

G4 1) クラスメートと仲良く(なかよ)したいなら、_____たらどうですか。

2) おしゃれになりたいなら、_____方がいいですよ。

3) _____なら、もっと練習しなくてはいけません。

4) _____なら、_____がおすすめです。

★★
⑱ Give suggestions to your friends and 後輩(こうはい) casually using ～なら.

G4 1) タン　：〇〇さん、週末、一緒(いっしょ)に映画かアニメを見ない？

あなた：いいね。_____なら、『_____』はどう？　おもしろいよ。

2) リー　：夏休みに_____に旅行するんだけど、どこに行くのがおすすめ？
[city of your choice]

あなた：_____なら、_____に行ってみるといいよ。

3) 後輩(こうはい)　：自然(しぜん)の絵を描(か)きたいんですが、どこかいい所を知りませんか。

あなた：_____なら、_____がいいかもしれないね。

4) エマ　：近くにおしゃれな_____があるかなぁ。
[Ex. café, store, restaurant]

あなた：_____なら、_____がいいよ。_____たらどう？

★★
⑲ Choose the most appropriate option from each [　] to complete the sentences. (See pp.380-381 of *TOBIRA II* for the restrictions on the use of ～なら.)

G4 1) 宇宙人(うちゅうじん)が地球に［a. 来たら　b. 来れば　c. 来るなら］、UFO で来るはずです。

2) 7月に［a. なったら　b. なると　c. なるなら］、海に行こうと思います。

3) 日本の北の地方は、冬に［a. なると　b. なれば　c. なるなら］、雪がたくさん降(ふ)ります。

4) 一人暮(ぐ)らしを［a. したら　b. すれば　c. するなら］、このアパートが安全(あんぜん)でいいですよ。

5) 家賃(やちん)が［a. 高くても　b. 高いと　c. 高いなら］、この部屋は借りません。

6) 私の考えに［a. 賛成(さんせい)してくれると　b. 賛成(さんせい)してくれれば　c. 賛成(さんせい)してくれるなら］、クラウドファンディングに寄付(きふ)をしてくれない？

7) 危険(きけん)だと［a. 感(かん)じると　b. 感(かん)じれば　c. 感(かん)じるなら］、やらない方がいいよ。

132

Class: _____ Name: _____

まとめの練習 | Comprehensive practice

★★★
20 You are talking with Kai, a classmate in your Japanese class. Complete the dialogue using the cues provided.

あなた：もうすぐ『とびら2』が終わりますね。カイさんは日本語の勉強を始めてから、何か

変わったことがありますか。

カイ　：そうですね。前は日本語を話す時、緊張したけど、今は楽に 1)_____。
きんちょう　　　　　　　　　　　　　　　　　　　"can speak" [change]

それから、2)_____、3)_____。
　　　　　　　"even if (I) make mistakes"　　　　　"don't care" [change]

〇〇さんはどうですか。日本語の勉強をして何が変わりましたか。

あなた：えっと、私は 4)_____。

それから、5)_____。

カイ　：なるほど。ところで、私は最近、6)_____んですよ。
　　　　　　　　　　　　　　　　　　　"take an interest in Japanese dialects" [change]

あなた：へえ、そうですか。7)_____なら、おもしろいサイトがあるから、

リンクを送りますね。カイさん、『とびら2』が終わっても、日本語の勉強を続けますか。

カイ　：はい、次のレベル (level) の授業も 8)_____。9)_____
　　　　　　　　　　　　　　　　　　　　　　　"have decided to take"　　　"my goal is to work for

_____ことだから、10)_____たいんです。
a company in Japan"　　　　　　　　　　"memorize words that are used in business"

そのために、毎日、敬語も 11)_____。
　　　　　　　　けいご　　　　　　"make it a rule to practice"

〇〇さんの将来の目標は何ですか。
　　　　　しょうらい　もくひょう

あなた：12)_____。

カイ　：そうですか。そのためにしていることがありますか。

あなた：13)_____。
　　　　　　　　　　　　　　　[Use V ことにしている.]

カイ　：そうですか。すごいですね。〇〇さん、14)_____時々会いませんか。
　　　　　　　　　　　　　　　　　　　　　　　　"even if (we) will not be classmates"

あなた：ええ、ぜひ！　15)_____なら、16)_____、
　　　　　　　　　　[your favorite app]　　　　　"even if (we) can't meet up at school"

顔を見ながら話せますね！

Lesson 20

133

聞く練習 | Listening practice

1 Listen to statements 1)-3) and write them down. Use katakana and kanji where applicable. 🔊**L20-2**

1) _____

2) _____

3) _____

2 Listen to the conversations between Michiko and Sam. Each conversation will end with a beep, indicating a missing line. Then, listen to statements a, b, and c and circle the most appropriate statement for the missing line. 🔊**L20-3**

1) a   b   c   2) a   b   c   3) a   b   c   4) a   b   c

3 Listen to the conversation between Suzuki-san (先輩) and Lee-san (後輩). Then, mark ○ if the statement is true and × if it is false. 🔊**L20-4**

1) (   ) Lee thinks that she can speak honorific language well and use particles properly.

2) (   ) Lee has decided to study music composition for animations and video games at a music school in Japan.

3) (   ) Lee's parents are opposed to her future plan because they want her to be a violin teacher.

4) (   ) Suzuki assumes getting a music scholarship is challenging.

5) (   ) Watching anime did not help Lee much to improve her Japanese.

6) (   ) Lee is not sure if she will discuss her plan with her parents again.

4 Listen to a teacher's speech and circle the most appropriate choice to complete statements 1)-5).

1) Recently, we often hear that learning foreign languages is _____ because we can use translation apps. 🔊**L20-5**

    a. easier   b. unnecessary   c. fun

2) According to the student's essay, learning Japanese changed his view on _____.

    a. social life   b. daily life   c. his culture

3) This student thinks that knowledge of foreign languages is useful when _____.

    a. listening to different opinions   b. thinking about international relations   c. solving social problems

4) The teacher hopes that her students will _____.

    a. not forget Japanese after graduation

    b. sometimes remember their discussions in class

    c. have chances to speak Japanese in the future

5) This speech is for students who are _____ *TOBIRA II: Beginning Japanese.*

    a. finishing up   b. continuing with   c. starting on

5 Challenge Go to "Challenge Conversation" for further impovement of listening comprehension.

134

著者紹介

■ 岡 まゆみ・Mayumi Oka
<small>おか</small>

現職 ミドルベリー日本語学校日本語大学院プログラム講師

教歴 ミシガン大学アジア言語文化学科日本語学課長
プリンストン大学専任講師, コロンビア大学専任講師, 上智大学講師

著書 『中・上級者のための速読の日本語 第2版』(2013);『マルチメディア日本語基本文法ワークブック』(共著)(2018)(以上、ジャパンタイムズ出版);『上級へのとびら』(2009);『きたえよう漢字力』(2010);『中級日本語を教える教師の手引き』(2011);『これで身につく文法力』(2012);『日英共通メタファー辞典』(2017);『初級日本語 とびらⅠ』(2021);『初級日本語 とびらⅡ』『とびらⅠワークブック1』(2022);『とびらⅠワークブック2』『とびらⅡワークブック1』(2023)(以上共著、くろしお出版);その他

その他 全米日本語教師学会理事(2007–2010)
ミシガン大学 Matthews Underclass Teaching Award(2019)

■ 近藤 純子・Junko Kondo
<small>こんどう じゅんこ</small>

現職 南山大学外国人留学生別科専任語学講師

教歴 マドンナ大学非常勤講師, ミシガン大学専任講師

著書 『上級へのとびら』(2009);『きたえよう漢字力』(2010);『中級日本語を教える教師の手引き』(2011);『これで身につく文法力』(2012);『初級日本語 とびらⅠ』(2021);『初級日本語 とびらⅡ』『とびらⅠワークブック1』(2022);『とびらⅠワークブック2』『とびらⅡワークブック1』(2023)(以上共著、くろしお出版)

■ 榊原 芳美・Yoshimi Sakakibara
<small>さかきばら よしみ</small>

現職 ミシガン大学アジア言語文化学科専任講師

教歴 ミシガン州立大学専任講師, 北海道国際交流センター日本語日本文化講座夏期セミナー講師

著書 『マルチメディア日本語基本文法ワークブック』(2018)(共著、ジャパンタイムズ出版);『初級日本語 とびらⅠ』(2021);『初級日本語 とびらⅡ』『とびらⅠワークブック1』(2022);『とびらⅠワークブック2』『とびらⅡワークブック1』(2023)(以上共著、くろしお出版)

■ 西村 裕代・Hiroyo Nishimura
<small>にしむら ひろよ</small>

現職 イェール大学東アジア言語文学部専任講師

教歴 オバリン大学講師, オハイオ大学講師, ヴァッサー大学日本語フェロー, オレゴン大学夏期講習講師, CET Academic Program 夏期講習講師

著書 『とびらⅠワークブック1』(2022);『とびらⅠワークブック2』『とびらⅡワークブック1』(2023)(以上共著、くろしお出版)

■ 筒井 通雄・Michio Tsutsui [監修]
<small>つつい みちお</small>

現職 ワシントン大学人間中心設計工学科名誉教授

教歴 コロンビア大学日本語教育夏期修士プログラム講師, ワシントン大学教授, マサチューセッツ工科大学助教授, カリフォルニア大学デービス校客員助教授

著書 『日本語基本文法辞典』(1986);『日本語文法辞典〈中級編〉』(1995);『日本語文法辞典〈上級編〉』(2008);『マルチメディア日本語基本文法ワークブック』(2018)(以上共著、ジャパンタイムズ出版);『上級へのとびら』(2009);『きたえよう漢字力』(2010);『中級日本語を教える教師の手引き』(2011);『これで身につく文法力』(2012);『初級日本語 とびらⅠ』(2021);『初級日本語 とびらⅡ』『とびらⅠワークブック1』(2022);『とびらⅠワークブック2』『とびらⅡワークブック1』(2023)(以上共著、くろしお出版);その他

その他 全米日本語教師学会理事 (1990-1993, 2009-2012)

制作協力

■ 校正・英語校正
平川ワイター永子（Eiko Hirakawa Weyter）
現職 フリーランス日本語教師
教歴 ミシガン大学専任講師, パデュー大学専任講師

■ 英語翻訳・校正
Vanessa Kiefer（ヴァネッサ・キーファー）

■ イラスト
坂木浩子
村山宇希

■ 装丁・本文デザイン
鈴木章宏

■ 音声録音
狩生健志

■ 音声出演
まつむらりょう, 納葉

■ 編集
市川麻里子
金髙浩子

初級日本語 **とびらII ワークブック2**
―単語, 文法, 聞く
TOBIRA II: Beginning Japanese   Workbook 2
―Vocabulary, Grammar, Listening

2024年 7月17日   第1刷発行

著　者● 岡まゆみ・近藤純子・榊原芳美・西村裕代
監　修● 筒井通雄
発行人● 岡野秀夫
発行所● くろしお出版
　　　　〒102-0084　東京都千代田区二番町4-3
　　　　Tel: 03-6261-2867　　　Fax: 03-6261-2879
　　　　URL: https://www.9640.jp　Email: kurosio@9640.jp
印　刷● シナノ印刷